ブックガイドシリーズ　基本の30冊
文化人類学

松　村　圭　一　郎

人文書院

目　次

はじめに

第1部　人類学の確立
　モーガン『古代社会』……………………………………………………… 10
　フレイザー『初版 金枝篇』……………………………………………… 17
　マリノフスキー『西太平洋の遠洋航海者』…………………………… 24
　モース『贈与論』…………………………………………………………… 31
　ベネディクト『文化の型』……………………………………………… 38
　ミード『サモアの思春期』……………………………………………… 45

第2部　人類学理論の深化
　ファース『価値と組織化』……………………………………………… 54
　レヴィ＝ストロース『野生の思考』…………………………………… 61
　ダグラス『汚穢と禁忌』………………………………………………… 69
　サーリンズ『石器時代の経済学』……………………………………… 76
　ベイトソン『精神の生態学』…………………………………………… 82
　ブルデュ『実践感覚』…………………………………………………… 89
　ゴドリエ『観念と物質』………………………………………………… 96

第3部　民族誌の名作
　エヴァンズ＝プリチャード『アザンデ人の世界』…………………… 104
　リーチ『高地ビルマの政治体系』……………………………………… 111
　ルイス『貧困の文化』…………………………………………………… 118
　ターンブル『ブリンジ・ヌガク』……………………………………… 126

ギアツ『ヌガラ』……………………………………………………… 133
　　スミス，ウィスウェル『須恵村の女たち』………………………… 140

第4部　批判と実験の時代
　　クラパンザーノ『精霊と結婚した男』………………………………… 148
　　フェルド『鳥になった少年』…………………………………………… 155
　　マーカス，フィッシャー『文化批判としての人類学』……………… 162
　　クリフォード，マーカス編『文化を書く』…………………………… 169
　　ロサルド『文化と真実』………………………………………………… 175

第5部　新世紀の人類学へ
　　ラトゥール『虚構の近代』……………………………………………… 184
　　レイヴ，ウェンガー『状況に埋め込まれた学習』…………………… 191
　　ラビノー『PCRの誕生』………………………………………………… 198
　　アパデュライ『さまよえる近代』……………………………………… 205
　　アサド『世俗の形成』…………………………………………………… 212
　　グレーバー『価値の人類学理論に向けて』…………………………… 219

はじめに

　文化人類学が学問として確立して，1世紀以上がたつ。それでも，いまだに「若い」学問のイメージが強い。それは，人類学がつねに反主流派の道を歩んできたからだろう。人類学は，西洋という場所，近代という時代，その支配的な社会のあり方に，くり返し異議を申し立ててきた。「いま」を覆っている考え方や社会制度に対し，非西洋の研究をとおして，別の可能な世界の姿がありうることを提示してきた。いまも多くの人類学者には，この社会変革の夢が共有されている。本書では，できれば人類学が描いてきた夢の軌跡をたどりたいと思う。

　その夢は「闘争」の歴史でもあった。人種差別や西洋中心主義，啓蒙主義や世俗主義，経済学的・社会生物学的な人間観，国民国家や近代性など，その時代と人びとの生きざまをひとつの色に染め上げようという支配的な潮流との「闘い」がつづけられてきた。その闘争の根底には，一貫した批判精神がある。批判の矛先は，ときに人類学自身の営みにも厳しく向けられてきた。つねに現状への問いを喚起し，あらたな可能性を再想像すること。それが人類学を駆動させる大きな力であった。

　もちろん，人類学者が思い描いた夢にもさまざまなものがある。人類学を正統な学問分野として確立しようという野心，自分たちとは異なるエキゾチックなものへの憧れ，虐げられている人びとへの正義感……。でも，そうした思いの違いをこえて，人類学には共通

する何かがある。それは，たぶん「熱」のようなものだ。かならずしも誰もが政治的な主張を展開したり，熾烈な論争に身を投じたりしてきたわけではない。それでもなお，人類学者の著作は，どこかしら「熱い」。その「熱さ」は，しばしば自分が生きている社会／世界への強い憤りや違和感にねざしている。本書を通して，人類学の「熱」を少しでも感じてもらえたら，ありがたい。

　文化人類学といっても，世界各地で幅広いテーマの研究が蓄積されてきた。「文化人類学」という名称も，アメリカなどを中心に使われているもので，イギリスでは「社会人類学」と呼ぶのが一般的である。フランスでは「民族学」と呼ばれることが多く，当初は「民族学」と「社会学」とがあまり区別されていなかった（日本では，2004年に学会名が「民族学会」から「文化人類学会」に変更された）。さらに宗教人類学，政治人類学，法人類学，経済人類学など，さまざまなテーマごとの下位区分もある。本書では，それぞれの人類学者が活動した地域やテーマの文脈にそった名称を使うほかは，基本的に「人類学」とした。

　19世紀後半から20世紀前半にかけて，人類学は欧米の限られたサークルのなかで学問として醸成されてきた。人類学者は互いに影響を及ぼしあい，次世代の研究者は前の世代を批判的に乗り越えようとしてきた。30冊の選定にあたって，それぞれの人類学者の師弟関係や論争上の関係，研究の関連性がわかるように心がけた結果，おもに英・米・仏で活躍した人類学者の著作に限ることになった。日本の研究者についても，いくつか関連が深い章でふれたものの，多くは紹介できなかった。近年，日本で出版される民族誌の数は増えつつあるので，ぜひ手にとっていただければと思う。また「基本」ということで，日本語訳のある本を中心に選んだ。邦訳がなく

ても関連する研究については説明するようにしたが、本の選定や説明に偏りがでているのは否定できない。その点、本書でふれているのは、人類学の広範な研究のほんの一端だと考えてもらいたい。

それぞれの章は、おおまかに3つのパートに分れている。最初にその人類学者の生い立ちや経歴など問題意識の背景に関わる事柄に焦点をあて、次に当該の著作の要約や説明をした。できるだけ本の内容がわかるように努めたが、分量の関係で大幅に縮約したり、説明を一部に限ったりしている場合が多い。最後に、その著作が引き起こした論争やその後に出された研究などについてふれ、他の章との関連性もみいだせるようにしている。なお、本文中の引用箇所については、基本的に翻訳者の訳を尊重したが、一部、表現を改めている場合もある。

本書の執筆を進めるなかで、筆者自身、あらためて人類学の「力」を再認識することになった。たとえ後の時代に批判され、乗り越えられた研究であっても、それぞれに迫力があり、革新性にみちている。それに心を打たれているうちに、30冊の文献を分析的に検討するというよりも、魅力をアピールするほうに傾くようになった。さらに、「古典的な名著」だけでなく、あたらしい時代の研究にも目を向けるようにした。かならずしも評価が定まっていないため、恣意的な選定にならざるをえないが、21世紀においても人類学がその可能性を失わず、あらたな展開を遂げつつあることを知ってもらいたいという思いがあった。

人類学の描いてきた夢の世界は、まだ手の届かない場所にある。どのように現代の人類学は、その批判精神を活かしていくのか。そこから、いかにあらたな世界を構想していくのか。その行く末は、いま人類学を学ぶわれわれに託されている。

第1部

人類学の確立

　文化人類学は，19世紀後半に「かたち」のないところから出発した。草創期の独創的な研究の数々を，その「かたち」の手がかりとして，しだいに人類学が確立されていく。人類学の地平を切り拓いた先達たちは，みな個性的で魅力にあふれている。彼らは，それぞれの視点で「近代」のあり方に危機感を抱いていた。そして，人類学という学問の社会的使命を強く意識していた。あるべき社会の姿とはどのようなものか。人類学には何ができるのか。彼らが情熱を傾けた探究の軌跡をたどる。

ルイス・モーガン

『古代社会』
Ancient Society; or Researches in the Lines of Human Progress from Savagery through Barbarism to Civilization, 1877

青山道夫訳, 岩波文庫, 上下, 1958/1961 年

——社会と個人の正当で調和ある関係へ——

情熱の活動家

　ルイス・モーガンは, 近代人類学の礎を築く成果を残しながら, その一生を弁護士, 実業家, 政治家として過ごした希有な人類学者である。

　モーガンは, 1818 年, ニューヨーク州・カユガに生まれた。当時, アメリカ北部には先住民の保留地が数多く存在し, 彼も幼いころから先住民に興味を抱いていた。モーガンは, 26 歳で弁護士の資格を取得すると, 同州のロッチェスターで開業し, 学生時代に組織していた結社の支部をつくる。そこでイロクォイ族のセネカ支族の族長の子として生まれたエリー・パーカーと出会う。パーカーは, 白人と同じ普通教育を受けて育った聡明な人物だった。モーガンは盟友となった彼から先住民社会について多くを学ぶ。まもなく, モーガンは, 結社をイロクォイ族の連合体にならった組織に改め, 先住民の伝統の調査や保全, 教育支援などの活動をはじめた。

　折しも, パーカーの出身地で, 土地会社が保留地の土地を安価に買い占めようとしていた。モーガンは, 結社の各支部に上院への嘆

願書を発送するよう要請し,みずからワシントンにおもむいて議会に陳情する。その努力は実を結び,将来にわたりすべての先住民保留地の買収契約を無効とする上院の議決が圧倒的多数で可決された。モーガンは功績を認められ,1847年,セネカ族の養子として一族に迎え入れられた。そのとき彼は「インディアンと白人との架け橋になる者」という名を与えられている。モーガンのアメリカ先住民研究は,こうしてひとりの在野の「活動家」として始まったのだ。

その後,モーガンは,鉄道敷設や鉱山開発などの事業に乗りだす一方で,先住民研究にのめり込んでいく。彼は,マイノリティとして社会的地位の低かった先住民たちが合衆国のなかでいかに政治的な権利を主張できるかに関心をもっていた。そこで,イロクォイ族の政治組織についての研究を始め,その政治体制が出自の規則に基礎づけられていることを発見する。その成果は,『イロクォイ同盟』(1851)や「イロクォイの出自規則」(1857)として発表された。彼はパーカーに捧げられた『イロクォイ同盟』の冒頭に次のように書いている。「彼らの市民的,家庭的な諸制度についての,さらに将来の向上の可能性についての,より正しい知識にもとづいたインディアンに対するもっと思いやりのある感情をふるい起こそうというのがそもそもこの仕事を始めた動機であった」。

モーガンは,その後も大学などの研究機関に身を置くことはなかった。それどころか,政治という実践の場へとさらなる転身をはかる。彼は,1861年にはニューヨーク州から下院議員に選出され,68年には上院議員に当選するなど,活躍の場を広げていった。

人類の進化と文明の発展

イロクォイ族の出自規則の研究から,モーガンは,彼らの出自が

母系をたどり,財産や地位が母親から子供へと受け継がれること,そして母親とその姉妹がその子供たちにとってすべて同じ「母－子」の関係に位置づけられていることを見いだした。その後,モーガンは,他の部族にもイロクォイ族と同様の体系があることを知り,親族体系の比較研究へと突き進む。彼は,世界中の民族学者や宣教師,領事などに諸民族の親族制度についての質問状を送るとともに,国内での現地調査をとおして親族呼称を収集しつづけた。そして,その比較から,イロクォイと構造的に同一の親族分類体系が南インドのタミール社会にもあることを見いだし,アメリカ先住民がアジア起源であるという確信を抱く。こうした成果をまとめた『人類の血族および婚姻制度』(1871)は,ダーウィンやマルクスをはじめ世界中の研究者を驚嘆させるものだった。モーガンは,親族呼称と分類体系をもとに人類の婚姻制度や家族形態がいくつかのタイプに分けられることを示した。この親族呼称についての研究手法は,その後,長いあいだ文化人類学の主要テーマとなる親族研究の扉を開くものでもあった。

　1877年,『古代社会』において,モーガンは,人類史の一般法則を体系化するという壮大な試みに挑む。本書は,「発明と発見を通じての知性の発達」,「政治形態観念の発達」,「家族観念の発達」,「財産観念の発達」の4部からなっており,アメリカ先住民に限らず,古くはギリシア・ローマ時代から,世界各地の民族社会に至るまでの膨大な資料から,文明の発展過程を鮮やかに図式化している。「人類種族の歴史は,根源において一であり,経験において一であり,進歩において一である」。これがモーガンの理論の根底にある確信であった。

　モーガンは,人類の進歩の道筋には,発明や発見による累進的な

技術の発達と観念の成長にともなう制度の発展とのふたつの系統があると考えていた。そこで、第1部で発明と発見を通じた技術の発達を扱い、第2部以降で政治、家族、財産の観念や制度の発展をそれぞれ論じている。第1部で、モーガンは、人類の技術の獲得が諸民族をつうじてほぼ一定の順序にしたがっている点に注目して、人類進化の過程を、「野蛮 savagery」(下層：言語の発明、中層：魚類の食料化と火の使用、上層：弓矢の発明)、「未開 barbarism」(下層：製陶技術の発明、中層：東半球では動物飼養、西半球では灌漑耕作、日乾煉瓦、石材の使用、上層：鉄鋼鎔解技術、鉄犁の使用)、「文明 civilization」(音標文字の発明と書字の使用)の三つの段階に分けた。

　モーガンは、この技術の進歩をもとにした時期区分を「制度／観念の発達」と関連させながら論じていく。政治形態については、「性にもとづく階級組織」にはじまり、「氏族組織」、「胞族組織」、「部族組織」、「部族連合体組織」へと発展をとげる。これは、規制なき性関係にしだいに婚姻の規則が定められ、その範囲が拡大していく過程でもあった。たとえば、氏族組織は、同じ共通祖先から由来した血縁集団であり、女系の出自から男系へと移り変わる。さらに相続形態も、氏族への相続から死者の男の親族へ、そして死者の子への相続と変化していく。氏族組織が拡大して分裂して再組織されたのが胞族となる。氏族がさらに領域的な政治組織へと成長すると部族となり、部族連合体へと拡大していく。モーガンは、イロクォイの政治形態がいかに成長してきたのかを手がかりに、古代ギリシア・ローマや他の地域の事例と比較し、その成長過程を普遍的な系列として描きだした。

　つづく家族の進化についてのモーガンの見解——「家族発展段階説」は、もっとも論争の的となってきた。彼によれば、最古の親族

体系は，ポリネシアやハワイなどにみられる「血縁家族」の形態である。この体系では親子間の通婚は排除されているが，兄弟姉妹間の通婚が容認されていた。つまり，父母，子，祖父母，孫，兄弟以外の親族関係が存在しない。次に古いのがセネカ・イロクォイや南インドのタミルに典型的にみられる「プナルア家族」といわれる形態である。この「血縁家族」から「プナルア家族」への推移は，兄弟姉妹間の結婚が禁止され，氏族が成立したことにもとづいている。その後，一対の男女関係だが不安定な夫婦関係を特徴とする「対偶婚家族」，家父長が権力をもち一夫多妻婚で大家族的な「家父長家族」をへて，ギリシア・ローマ以来，文明諸国に多くみられる一夫一婦制の「単婚家族」が形成された。しかし，親族呼称をじっさいの親族関係の反映とみなすモーガンの親族呼称＝親族体系論は，後に批判を受けることにもなる。

　財産観念の成長については，相続方式の三段階の進化が示された。モーガンは，野蛮の状態では物を所有するという観念がないと考えていた。土地は部族共有で，住居も居住者たちの共同のものだった。未開の段階で氏族が成立することで，増大する死者の私物を氏族員に留める第一の原則，母系的な氏族内部での相続形態があらわれた。つづいて，男たちの私物の増加や首長の世襲化にともない，母系から父系への変化が起こり，父方の親族のみに相続が行われる第二の原則があわらわれた。その後，未開の上層において鉄の発見と使用にともなう定住耕作や手工業の発達，遠隔地交易をつうじて私的蓄積がさらに増加し，排他的に死者の子に相続させる第三の原則が実現された。この原則は，一夫一婦制の形成に密接な関係をもつ変化でもあった。

　モーガンは，この個人的／排他的な財産観念の出現が不平等な社

会をつくりだしてきたことを指摘し,次のような言葉で『古代社会』を結んでいる。「人類の精神は自らが創設したものを前にして呆然としている。がそれにもかかわらず,人間の知性が財産を支配するまで高められ,国家とその保護する財産との関係,そして,それとともにその所有者の義務と権利の限界を定める時が来るであろう。社会の利益は個人的利益に優先する。そして,この両者は正当でかつ調和ある関係にもたらされなければならない。もし進歩が過去の法則であったように,将来の法則であるならば,単なる財産を目的とする道程は人類の最終的運命ではない……」。

このモーガンの理想に満ちた力強い言葉は,「ルイス・H. モーガンの研究に関連して」という副題をもつエンゲルスの名著『家族・私有財産・国家の起源』の最後に,そのまま引用されている。モーガンの『古代社会』は,海をこえ,研究分野をこえ,当時の世界に大きな衝撃を与えることになった。

『古代社会』の反響

モーガンの『古代社会』は,人類学の確立に貢献しただけでなく,その可能性を多くの他の学問分野や思想家たちに知らしめた。なかでもマルクスは,モーガンの研究に強く興味を抱いていた。そのノートをもとにエンゲルスが先述の『家族・私有財産・国家の起源』をまとめあげ,マルクス主義的な唯物史観を確立したことはよく知られている。エンゲルスは,次のように書いて,モーガンとマルクスの研究のつながりを強調している。「マルクスが 40 年前に発見した唯物史観を,モーガンはアメリカで彼なりに新たに発見したのであり,それによって未開と文明とを比較するさいに主要な点でマルクスと同一の結論に到達した」。こうして,『古代社会』は,マルク

ス主義の唯物史観を支えた古典的名著として，多くの読者を獲得してきたのである。

　『古代社会』は，日本でもいち早く紹介された。出版からわずか5年後の1882年には，東京大学に赴任していたフェノロサが世態学（sociology）のテキストとして使用している。また，1924年の高畠素之・村尾彰一訳にはじまり，1958年の青山道夫訳の岩波文庫版に至るまで，5度にわたる訳本の出版が繰り返されてきた。海外の文化人類学の文献がこれほど翻訳を重ねた例はめずらしい。モーガンの理論は，すでに多くのあらたな知見によって覆されてきたものの，人類史にかかわる壮大なテーマを体系だてて提示し，人類学の可能性を切り拓いた功績ははかりしれない。

ルイス・ヘンリー・モーガン（Lewis Henry Morgan, 1818-1881）
　アメリカ・ニューヨーク州生まれ。その他の邦訳されている主著には『アメリカ先住民のすまい』がある。

参考・関連文献
　F・エンゲルス『家族・私有財産・国家の起源』（戸原四郎訳，岩波文庫，1965年）
　蒲生正男「モルガンの理論」『現代文化人類学のエッセンス』（ぺりかん社，1978年）
　K・マルクス，L・クレイダー編『古代社会ノート』（布村一夫訳，未来社，1976年）
　L・モルガン『アメリカ先住民のすまい』（古代社会研究会訳，上田篤監修，岩波文庫，1990年）
　山室周平『モーガン』（有斐閣，1960年）

ジェイムズ・フレイザー

『初版 金枝篇』
The Golden Bough: A Study in Comparative Religion, 1890

吉川信訳，ちくま学芸文庫，上下，2003 年

――われわれのなかに生きつづける原始の心――

人類の呪術と宗教をめぐる壮大な物語

　ジェイムズ・フレイザーの『金枝篇』は，おそらくもっとも長きにわたって書きつづけられ，そして読まれつづけてきた人類学の名作だ。まさに学問の枠をこえ，世紀をこえて，世界中の多くの読者を魅了してきた。

　2巻本として初版が出たのが1890年，その後，おびただしい事例や傍証がくわえられ，1900年の第2版で3巻本に，決定版とされる第3版（1911〜15）ではついに12巻にまでふくれあがり，1936年に補遺がくわわって全13巻となった。日本語に翻訳されたものも，1890年の初版を訳出したこの『初版金枝篇』から，1922年の簡約版の訳である全5巻（岩波文庫），1936年の決定版の訳で全8巻に別巻がついた『完訳金枝篇』（国書刊行会），そして，メアリ・ダグラスが監修し，170をこえる写真や図版をつけて1978年に出された『図説金枝篇』（東京書籍）の4種類が出版されている。

　フレイザーは1911年版の序文に次のように書いている。「当初は小論文で十分に説明できると考えていた。だが，やがて，一つの問題を解決しようとすると，さらに多くの問題が生じることに気がつ

いた。視界がどんどん広がっていったのである。こうして私は，先人たちがほとんど手をつけていない，未開の人々のものの考え方という広大な分野に，一歩また一歩と誘われていったのだ」。

　1854年，スコットランドで生まれたフレイザーは，15歳にしてグラスゴー大学に入学。ラテン語やギリシア語を習得する。ケンブリッジ大学に進学して，1878年に優等卒業試験に合格。その後，ロンドンの法曹学院で弁護士の資格を得るが，法律家の職につくことはなかった。1879年にケンブリッジ大の特別研究員に選任されると，その資格を更新しつづけ，1895年の更新によって終身の身分をえる。1908年にリヴァプール大学で社会人類学の教授となって教壇に立つが，生来の内気でひきこもりがちな性格もあって，わずか半年あまりでケンブリッジに戻る。1941年に没するまで，フレイザーはひたすら書斎にこもって世界各地の宗教や呪術の事例を調べあげることに人生を捧げた。

　同時代のイギリスで人類学の先駆者となったのが，『原始文化』(1871)を著したエドワード・タイラー(1832-1917)である。彼は1896年にオックスフォード大学の教授となり，世界ではじめて文化人類学を大学制度のなかに確立した。『原始文化』における「文化」の包括的な定義は，いまでも参照されるほど有名だ。ただし，宗教がアニミズムから多神教，一神教へと進化したという彼の議論は，モーガン同様，西洋文明を人類の発展段階の頂点に位置づける進化論だった。『原始文化』に影響を受けたとされるフレイザーの議論も，当然，この進化論の枠組みにとどまっている。彼も，呪術的な思考が体系としての宗教になり，やがては科学によって乗り越えられると考えていた。ただし，フレイザーに特徴的なのは，キリスト教や当時のヨーロッパにみられた「迷信的」な慣習を未開な原

始宗教と同列に扱っている点にある。彼もキリスト教を野蛮だとあからさまに非難してはいないが，出版社にあてた1889年の手紙に次のように書き記している。「多くの蛮人の風習やものの考え方が，キリスト教の基本的な原理に類似していることは衝撃的です。けれどもわたしはこの類似に言及することはしません。なんとか読者のほうで結論を出して欲しいと思うからです」。古典文献や世界各地の資料を渉猟するなかで，彼は自分たちのなかに原始宗教の精神が生きつづけていることに気づいたのだ。

殺される祭司／王／動物の謎

イタリアにある小さな森の湖ネミ。その湖畔には，古代から森の女神ディアナを祀った神殿があった。この神殿では，逃亡奴隷が祭司になって「森の王」の称号をえることができた。ただし，祭司になるには，神殿の森の聖なる樹から一本の「金枝」を折り，ときの祭司と闘って殺さなくてはならない。聖なる樹のまわりには，昼も夜も，枝を折られまいとする祭司が剣を手にうろついていた。どうして祭司を殺さなければならないのか。なぜ聖なる木の枝が折られるのか。このふたつの謎を解きあかしていくのが，『金枝篇』の物語を貫くテーマである。

フレイザーは，まずなぜ祭司が「王」と呼ばれたのかを説明する。古代のイタリアやギリシアでは，王は宗教的な儀式を執り行う祭司でもあった。そして，王たちは，ときに超自然の力をもつ神として崇められていた。王が人間神として祈祷や供犠などの儀礼をすることで，雨や日の光，穀物など自然の恵みをもたらす。その力の源泉が「共感呪術」という原理だ。たとえば，雨を降らせるために，雨雲と同じ黒い羊で儀礼をしたり，口に含んだ水を霧雨のように宙に

吹きあげたりする。つまり，形や色の共感＝類似性によって，超自然的力を作用させる。この呪術的思考にみられる原理を，フレイザーは近代的な物理的因果関係の「萌芽」であるとともに，その「誤用」と考えた。「蛮人」は，王が自然との共感から超自然的な力を手にし，その力によって自然を操作できると誤解していたのだ。

　次に，なぜ「森」の王なのか。フレイザーは，ヨーロッパに広くみられる樹木崇拝に注目する。そして，その背後に樹木が人間のように魂をもつという観念があると指摘する。たとえばオーストリアでは，いまだに樹木に生命があると信じられており，伐り倒すときは木に許しを請う。それは，フランスやドイツの「収穫の五月」（麦畑に立てられた大きな枝や木が麦の穂で飾られ，収穫後に納屋の屋根に結びつけられる）など，ヨーロッパ各地にみられる儀礼とも関連している。とくに重要なのは，この5月の木（メイ・ポール）が，毎年あたらしいものに更新されていたこと，そして，樹木や植物の霊がときに「化身」として人間の姿をとる点だ。フレイザーは，ヨーロッパの風習の特徴が古代ギリシアやローマの樹木崇拝と同一のものであり，「森の王」とは樹木霊の化身であると結論づける。

　天候や穀物の収穫など自然の秩序を司る王や祭司は，ひとたび干ばつや凶作になるとその責任を負わされる。フレイザーは，日本の「ミカド」の例にも言及しながら，王の聖性と安定を維持することが領土の平和と同一視されていたことを指摘する。「王の命が価値あるものであるのは，王がもっぱら人々のために，自然の移り行きに秩序を与えることによって，自らの地位に与えられた義務を果たす限りにおいてである」。その義務を果たせなくなれば，宗教的敬意は憎しみと軽蔑に変わり，罪人として殺されることすらある。だからこそ，王にはさまざまな煩わしい戒律が課された。

ところで，古代の人びとは生命や死をどのように理解していたのか。フレイザーは，魂の離脱や転移の事例をあげながら，病気や死が魂におよぶ重大な危険としてとらえられていたことを示す。自らの魂を危険から守るように，細心の注意を払って王の生命が保護されなければならない。王に課された戒律やタブーは，その生命をあらゆる危険や害悪の源から隔離するためのものだった。王たちは，危険とみなされた血との接触から守られ，口にする食物にもさまざまな制約がもうけられた。その制約によって，はじめて自然界の秩序を正しく連続させる王の神性が保証されたのだ。

　では，なぜその王を殺すことが必要なのか。未開人は，神々が人間と同じように死ぬと考えていた。ただし，人間神や神の化身の生命は人びとの平和や安定と深く結びついている。つまり，人間神が死という消滅を迎えることは深刻な破局を意味した。それを回避する方法はひとつしかない。力が衰える兆しをみせたら，すぐに殺すことだ。自然死では，魂が自らの意志でその身体を離れ，二度と戻らなくなる。まだ力が衰える前に殺せば，逃げ出す魂を確実に捕らえ，強壮な後継者に移しかえることができる。フレイザーは，アフリカなど各地で，病にかかったり，衰弱しはじめた王が臣下や後継者によって殺される事例をあげていく。そこで代理の命が差し出されるようになった可能性にも言及する。一時的に超自然的な神の性質を与えられた身代わりは，王のための，そしてすべての人民のための生贄となる（そこで動物を身代わりにするのが動物供犠だ）。

　こうして金枝をめぐる謎解きが進む。ネミの神殿で「森の王」とされたのは，神聖なオーク（樫）の樹木霊の化身に他ならない。そして「金枝」とは，オークに寄生して繁茂するヤドリギ（宿り木）のことだった。冬にオークが葉を落としても瑞々しい緑をたもつヤ

ドリギは，オークの生命の中枢とみなされた。このオークの「心臓」にあたるヤドリギを傷つけなければ，森の王の命を奪うことはできない。だから金枝を折りとる必要があった。樹木霊の化身を殺すことで，生命力の強い若い身体があらたな森の王となるのだ。

　ヨーロッパ各地では夏至に火祭りが行われる。祭りでは，ヤドリギが集められ，オークが燃やされた。夏至には，生命力の根源である太陽の力が頂点を迎える。夏至を過ぎると，その力は衰えていく。「金枝」は，この太陽の炎のシンボルでもある。かつては，森の王やその身代わりが火祭りのなかで，毎年オークとともに焼かれていた可能性もある。そして，この夏至の火祭りは，いまも洗礼者ヨハネの祝日前夜の祝祭として残る（同じく冬至の儀礼がキリスト教のクリスマスの原型である）。神聖な霊力の隆盛と衰退，その生命力の更新。その精神は，いまなお受け継がれている。フレイザーは，この「原始の心」を世界中の事例をあげながら，解きあかしたのだ。

想像力の源泉として

　フレイザーの壮大な金枝をめぐる物語は，さまざまな文学・芸術作品に影響を与えてきた。T・S・エリオットの代表作である長詩『荒地』にインスピレーションを与え，コンラッドの『闇の奥』を原作とするフランシス・コッポラ監督の映画「地獄の黙示録」では，『金枝篇』の王殺しや供犠のモチーフが重要なシーンを構成している。フロイトの精神分析学や柳田國男の民俗学などにも影響を及ぼしたとされる。

　マリノフスキーは，20 世紀前半の民族誌的調査のほとんどがフレイザーの影響下にあったと評す。しかし同時に，イギリスの人類学者たちがフレイザー批判に注力してきたことも事実だ。エヴァン

ズ＝プリチャードは，フレイザーが民族誌的資料の文化的文脈を無視して，外見的な類似性だけをもとに議論を展開している点を批判する。彼の『アザンデ人の世界』は，フレイザーとは異なるあらたな民族誌的記述を提示する試みだった。メアリ・ダグラスも『汚穢と禁忌』のなかで，くり返しフレイザーに言及しながら，「フレイザーの影響は有害なものであった」などと厳しい言葉を並べている。フレイザーが世間に与えた圧倒的な影響力や，それゆえにひろまってしまった人類学への固定的なイメージは，そのまま次世代の社会人類学者たちにとって乗り越えるべき大きな壁でもあった。哲学者のウィトゲンシュタインも，フレイザーの記述を丹念にあげながら，呪術や王殺しなどの慣習を錯誤や混同だとする見解に批判をくわえている。この議論は，浜本満など現代の日本の人類学者によってもとりあげられ，再検討されている。『金枝篇』は，いまなお人類学的問いの源泉でありつづけている。

ジェイムズ・ジョージ・フレイザー（James George Frazer, 1854-1941）
　イギリス，スコットランド・グラスゴー生まれ。邦訳されている主著には，『火の起原の神話』『旧約聖書のフォークロア』などがある。

参考・関連文献
　R・アッカーマン『評伝 J・G・フレイザー　その生涯と業績』（玉井暲監訳，小松和彦監修，法藏館，2009 年）
　E・タイラー『原始文化』（比屋根安定訳，誠信書房，1962 年）
　浜本満『秩序の方法』（弘文堂，2001 年）
　B・マリノフスキー「ジェームズ・ジョージ・フレーザー卿　伝記と評伝」『文化の科学的理論』（姫岡勤，上子武次訳，岩波書店，1958 年）

ブロニスラフ・マリノフスキー

『西太平洋の遠洋航海者』
Argonauts of the Western Pacific: An Account of Native Enterprise and Adventure in the Archipelagoes of Melanesian New Guinea, 1922

増田義郎訳, 講談社学術文庫, 2010 年

―― 人びとの幸福の実質を理解する ――

人類学的方法論の確立

　対象社会で長期にわたって生活しながら現地の言葉を習得し, 人びとの営みに直接かかわって参与観察を行う。いまや文化人類学の基本であり, ひとつのアイデンティティともなっている調査手法は, ブロニスラフ・マリノフスキーによって確立された。

　マリノフスキーは, 1884 年, ポーランドの地主階級の家に生まれた。大学でスラブ語学の教授をしていた父親を幼いころに亡くし, 母ひとり子ひとりの家庭に育つ。1908 年にクラカウ大学で物理学と数学で博士号を取得。その後, ライプツィッヒ大学の物理化学研究所で研究に従事していたころ, フレイザーの『金枝篇』を読んで, 民族学を志すようになった。1910 年, イギリスに渡って, ロンドン大学のスクール・オブ・エコノミクスの大学院に入学。フレイザーのほかに, メラネシアやスーダンを調査していたチャールズ・セリグマン (1873-1940) などのもとで学んだ。当初, オーストラリアのアボリジニの家族について文献研究で『オーストラリア・アボリジニの家族』(1913) を出したが, じっさいに現地で調査する必要

性を感じ，1914年にオーストラリアに旅立った。

その後，すぐに第一次大戦がはじまる。ポーランド生まれで敵国オーストリアの国籍をもっていたマリノフスキーは，イギリスへの帰国を足止めされ，結局6年間，オーストラリアに滞在することになった。オーストラリア政府からニューギニアでの調査許可をえた彼は，思いがけず長期の現地調査に取り組むことができた。この間，『西太平洋の遠洋航海者』のもととなったトロブリアンド諸島でのフィールドワークが，おもに1915〜16年と17〜18年の2度にわたり，計2年間つづけられた。

当時，フレイザーのように文献研究や資料収集が中心の「アームチェア（肘掛椅子）人類学」の時代は終わり，直接，現地におもむいて調査する重要性が認識されはじめていた。それでも，セリグマンが参加したトレス海峡調査のように，複数の専門家からなる調査隊が各地をまわり，データや標本を収集するという博物学的な「学術調査探検」のスタイルが一般的だった。マリノフスキーのように，通訳を介さずに現地の言葉で人びとと会話し，その生活の様子を日々観察するという調査手法は革新的だったのだ。

マリノフスキーは，『西太平洋の遠洋航海者』の序論で，これまでの民族誌がデータの取得方法についてほとんど説明してこなかった点を批判し，彼が経験した現地調査での日々を率直に記述する。「あなたが突然に，原住民の部落に近い熱帯の浜辺に置き去りにされ，荷物のなかにただ一人たっているとご想像願いたい」。彼はそう書き出して，最初に何週間も村々を訪ねまわってデータを手に入れようとした努力が徒労に終わり，絶望感や情けなさに苛まれたこと，熱帯の退屈さと憂鬱さのなかで，小説に耽溺したことなどを告白する。彼は人びとにたばこを差し出し，友好的な雰囲気をつくっ

てから，疑いをもたれないように，少しずつ道具の名前や品物の作り方などを聞きとりはじめた。現地の言葉を習得するまでは，村の人口を調べ，系図を書きとめ，地図を描き，親族名称を集めるなど，基本的な情報の収集にあたった。それでも，彼は「これらの事項を原住民がどのように解釈するかもはっきりわからなかったし，部族生活の呼吸というべきものをつかみだすこともできなかった」と振りかえる。そして，周囲の白人の行政官や宣教師たちが現地人をいかに偏見に満ちた眼でみているかを実感する。それは，従来の民族誌が短期間の調査や第三者の記録をもとに収集してきた「情報」が不完全なものだったことを示していた。必要なのは「民族誌的調査にふさわしい環境」であり，それは「白人の世界から自分を切りはなし，原住民と可能なかぎり接触することにあり，彼らの部落のまっただなかにキャンプを張ることによってのみ達成される」。

　トロブリアンド諸島のひとつの部落に居を定め，生活に「参加」するようになってはじめて，彼は村で起こるあらゆることがらに接し，行儀作法についての人びとの「感覚」までも身につけることができた。「民族誌的調査をする人は，平凡で，単純で，日常的なものと，奇妙で普通でないものとのあいだに差別をもうけず，対象としての部族文化のあらゆる面にみられる現象をしんけんに，健全な態度で，そのすべてにわたって研究する必要がある。と同時に，部族文化の全領域を，そのあらゆる面にわたって調査しつくさなければならない」。現地社会にとけこみ，そこで起こるどんな些細な事柄にも注意をむける。この全体論的な視座は，以降，人類学の調査手法の根幹をなす考え方となった。

　マリノフスキーの言葉には，人間の本質と文化の全体像に迫りたいという意志があふれている。彼は，その思いをこうつづる。「人

びとが何をよりどころに生きるかを感じとり，彼らの幸福の実質が何であるかを理解したい」。そこには，いまも多くの人類学者に共有される心意気がみえる。

原始社会の経済――クラ交換

マリノフスキーが『西太平洋の遠洋航海者』で綿密に記述したのが，トロブリアンド諸島を含むマッシム諸島の「クラ」といわれる儀礼的な交換の様式である。このクラ交換は，その後も長い間，人類学の重要な研究テーマとして，くり返しとりあげられてきた。

男たちは，島々に贈物を交換しあうパートナーをもっている。パートナーは，島の位置関係によって，つねに赤い貝の首飾り（ソウラヴァ）を贈る相手と白い貝の腕輪（ムワリ）を贈る相手とにわかれる。首飾りをもらった相手には腕輪を渡し，その受けとった首飾りは，腕輪をもらった相手に渡す。どんなに由緒ある品でも，長期にわたって保有することはできない。こうして海をこえて次つぎに贈物が交換されていくので，島々のあいだで，首飾りは時計回りに，腕輪は反時計回りに動いていく。

人びとは，品物を贈るためにカヌーで船出するときや贈物を交換するとき，伝統的な慣習に則った呪術儀礼や公の儀式を念入りに行う。その贈物をやりとりする航海には，ときに遭難の危険もあった。交換した財は日常的にはほとんど使われず，祝祭や儀式的な舞踊といった重要な行事のときだけ身につけられたり，飾られたりする。いっけん古くさく，みすぼらしい品々について，人びとは，うやうやしくその名前を言い，いつだれがそれを身につけたか，どのような来歴をへてきたか，それを一時的にせよ手にすることが，どれほど重要な地位の印であり，村の栄光であるか，熱く語る。

この贈物の交換には、村のなかでも限られた男性だけが参加できる。ひとりの男がもつパートナーの数は、その身分と重要度によって違う。ふつうの平民は数人の相手しかいないが、首長ともなると、その数は何百人にもなる。パートナー同士は、クラをする義務があり、他の贈物も交換しあう。彼らは友人として振るまい、多くの相互的な義務を終生にわたって負う。その相手は、遠く離れた島を訪れたときに食事や贈物で歓待し、危険から身を守ってくれる保護者でもある。こうして、島をこえ、部族をこえた社会的な関係のネットワークが築かれているのだ。

　この複雑な交換体系を維持しているものは、何なのか。人びとは、このクラを物々交換（ギムワリ）とは明確に区別する。クラには独特の作法があり、品物の価値を値切ったり、ふたつの品とあわせてその場で交換したりすることは、許されない。お返しの品が等価でないとき、受けとった人は落胆し、憤慨するが、相手に強要したり、取引を停止したりすることはできない。マリノフスキーは、こうした物のやりとりに定められた詳細な慣習から、原始的な人びとが財産や価値の観念をもたないという、モーガンのような議論を批判した。クラを行う人びとは、与えられたら同じようにお返しをするという道徳的な原理や、富が社会的な身分に不可欠な付属物だという観念をもっている。おそらく西洋社会と違うのは、彼らにとって「所有」することが「与えること」だという点である。財産を所有する男は、人とそれを共有し、分配することを期待される。身分が高いほどその義務も大きい。そこにマリノフスキーは、現地の人びととのもつ道徳律や公正さの原理をみいだしたのだ。

　マリノフスキーは、カヌーの建造のプロセスやその所有観念、浄化の儀礼や呪文、労働力を組織する方法、そして遠洋航海にそなえ、

海に乗り出す男たちの様子など、クラに関わるさまざまな場面について詳細な記述を重ねる。それは、クラをめぐる「経済」が、たんなるモノのやりとりの場面に限定されたものではなく、その社会の関心が向かう行為全体に及んでいることを示している。人類の文化は、要素ごとにとりだして進化の発展段階を示すようなものではない。社会のなかでは、さまざまな制度や慣習、観念などが互いに密接に関連しあい、役割を果たしている。これが、この時代に主張されはじめた「機能主義」の考え方でもあった。

「万能なフィールドワーカー」の素顔

マリノフスキーが描き出した壮大なクラをめぐる民族誌は、世界の多様な姿について、多くの人びとの想像力をかきたててきた。『贈与論』を書いたモースをはじめ、エドマンド・リーチやアルジュン・アパデュライも、クラについての議論を展開している。まちがいなく、人類学でもっとも議論の的となってきた事例のひとつだ。

マリノフスキーの死後20年以上をへて、彼の妻によって1冊の本が出版される。それは、彼が調査中に記していた日記だった。この『マリノフスキー日記』(1967) には、現地民への嫌悪の感情や体調への不安、性的衝動や人間関係の葛藤、距離をおくべきとされた白人社会への依存といった、ひとりの男性の生々しい姿が描かれていた。日記につづられた言葉は、現地住民の暮らしに溶け込み、あらゆる事象を冷静に観察・記録したうえで、民族誌にまとめあげるという万能なフィールドワーカー像を覆すものとして、スキャンダラスにとりあげられた。

しかし、むしろ日記のなかで印象的なのは、健康不安や孤独感など多くの葛藤を抱えながらも、懸命に調査に打ちこもうとする、ひ

たむきなフィールドワーカーの姿だ。「今朝は蚊帳の下に寝そべったまま，すこしぐずぐずしていた。もうだいぶ長いことまともに眠ったことがなかったのだ。……仕事に戻らねば。そこで言語学に全力投球した。言葉をものにしなければ」。たしかに，そこには『遠洋航海者』で描かれたような，さまざまな失敗や苦難をのりこえ，現地の文化の全体像を解明していく，自信にみちた勇ましいフィールドワーカーの姿はない。しかし，調査のなかで生じているさまざまな葛藤や矛盾は，フィールドワークという調査手法が調査者の身体／精神の全面的な関与を求めていることの裏返しでもある。『日記』の言葉には，なおも人間理解に向けたマリノフスキーの強い思いがにじんでいる。

ブロニスラフ・マリノフスキー（Bronislaw Malinowski, 1884-1942）

　ポーランド・クラカウ市生まれ。『文化の科学的理論』『神話と社会』『未開社会における性と抑圧』『文化変化の動態』『呪術・科学・宗教・神話』『未開人の性生活』『未開社会における犯罪と慣習』『未開家族の論理と心理』『性・家族・社会』『バロマ　トロブリアンド諸島の呪術と死霊信仰』など数多くの著作が邦訳されている。

参考・関連文献
　浜本満「村のなかのテント　マリノフスキーと機能主義」『メイキング文化人類学』（世界思想社，2005年）
　B・マリノフスキー『マリノフスキー日記』（谷口佳子訳，平凡社，1987年）

マルセル・モース

『贈与論』
Essais sur le don: Forme et raison de l'échage dans les sociétés archaïques, 1925

吉田禎吾，江川純一訳，ちくま学芸文庫，2009 年

──戦争・孤立・停滞から協同・贈与・交易へ──

下からの社会変革を目指して

　マルセル・モースは，社会学の礎を築いたエミール・デュルケムの甥であるとともに，その傑出した弟子として，社会学だけでなく，人類学／民族学の確立に貢献した。

　モースは 1893 年に 23 歳の若さで哲学の教授資格をえると，デュルケムが主宰して 1898 年に創刊した『社会学年報』を主な発表の場として，数々の影響力ある論考を世に出してきた。彼は，『年報』でもっとも重要な宗教社会学の部門をデュルケムに任せられていた。1901 年に高等研究院で未開諸民族の宗教史を担当するのに前後して，ヨーロッパの古代宗教を研究するアンリ・ユベールとの共著で「供犠論」(1898) や「呪術論」(1903)，デュルケムとの共著で「分類の未開形態」(1903)，単著の「エスキモー社会の季節的変異」(1906) など，宗教研究や民族学にとって画期的な論文を『年報』で発表している。こうした一連の著作は，社会学における民族誌的資料の重要性を示すとともに，民族学を正統な科学の一分野に高める契機となった。

1914年の第一次大戦の開始によって、『年報』は休刊を余儀なくされた。戦時のさなかにディルケムも亡くなる。『年報』に関わっていた多くの協力者が出征し、戦死者もでた。当時、モース自身も通訳としてイギリス軍のために働いている。戦後、モースは、亡くなった同僚たちの手稿を編集して刊行する準備にとりかかり、『年報』の復刊に尽力する。そして、1925年、彼はパリ大学に民族学研究所を創設し、ようやく『年報』の復刊にもこぎつける。この復刊した『年報』の第1巻に、代表作である「贈与論」が発表された。1930年には、フランスの最高学府であるコレージュ・ド・フランスの教授に就任し、「身体技術」(1934)や「人格の概念」(1938)など、斬新なテーマで論考を発表している。

　そんなモースは、生涯を通じて社会主義の政治活動に関わっていた。学生時代は、共産主義同盟のフランス支局のリーダーであったジャン・ジョレスと親交を深めた。ジョレスは、ドレフェス事件を擁護し、反戦キャンペーンに身を投じた人物で、1914年に狂信的右派によって暗殺されている。モースはドレフェス事件のあとの1900年に、反ユダヤ主義的なナショナリストたちを糾弾する次のような文章を書いている。「ナショナリストたちは、国内のすべての非進歩的、反動的、教権主義的、徹底的にブルジョワ的な諸勢力を組織していた。われわれがたたかいの相手とすべきは、他のすべての党に先立って、かれらナショナリストでなければならない」（アルク誌編『マルセル・モースの世界』）。

　デイビッド・グレーバーは、モースの『贈与論』の背後にある政治運動への強い意志を読み解いている。モースが『贈与論』を書いていた1920年代初頭は、彼がもっとも積極的に政治活動に取り組んでいた時期でもあった。モースは究極的には賃金システムの廃絶

を目的とした協同組合の組織化を通じて，下から社会主義を創出していくというビジョンをもっていた。共産主義者も社会民主主義者も，どちらも政治と国家の役割を妄信している点で等しく有罪だ。労働者たちが産業をコントロールする法的枠組みをつくり，法を大衆のモラリティに一致させるためには，国家は制約になる。モースは，そこで民族誌的な記録を分析し，民衆の正義の基準に一致する社会とはいかなるものかを追究した。国家にたよらず，民衆の手による社会変革を目指して研究と政治活動に邁進していたのだ。

『贈与論』の射程――「全体的社会事実」としての道徳性

　モースは，『贈与論』において，まず次のような問いを立てる。「未開あるいはアルカイックといわれる社会において，受けとった贈り物に対して，その返礼を義務づける法的経済的規則は何であるか。贈られた物に潜むどんな力が，受けとった人にその返礼をさせるのか」。かつて多くの文明において，交換や契約は贈り物のかたちで行われてきた。表面的には任意の自由意志にもとづきながらも，実際には義務として与えられ，返礼されている。モースは，この「義務」の生成に注目することで，現代社会にもつながる道徳と経済との関わりを考えようとした。そこには自己利益の計算だけに終始するような世界が出現しつつあることへの強い危機感があった。

　モースは，交換や契約の道徳的な義務について問うにあたり，「経済」の位置づけそのものから再考を迫る。経済現象だけを切り離してとらえる経済学とは異なり，交換などの行為を社会のさまざまな領域と関連する全体的な現象とみなす。それが「全体的社会事実」という考え方だ。交換し，契約を交わす義務を負うのは，個人ではなく，集団（氏族，部族，家族）であり，そこで交換されるの

は，礼儀や饗宴，儀礼などにおよぶ。財産や富の経済的取引はその一部にすぎない。そして，その取引は，宗教的，法的，道徳的であると同時に，政治的，美的な現象でもある。厳格な相互の義務があり，それが果たされなければ闘いにまで至る。モースは，こうした給付‐反対給付の複合を「全体的給付体系」と呼ぶ。

モースは，全体的給付体系について，ポリネシアから北西部アメリカ，古代ローマ法，古代インド法，ゲルマン法，ケルト法，中国法と世界各地の資料から比較分析を行う。それは，30を超える言語に精通していたモースだからこそなしえた仕事でもあった。マリノフスキーが調査したクラ交換をはじめ，さまざまな形態の全体給付の事例が検討される。なかでも有名なのがマオリのハウをめぐる分析である。

贈物はなぜ返されねばならないのか。モースはこの義務の強制のメカニズムをハウという「物（タオンガ）に憑く霊」の存在から考察する。すべての個人の持ち物は霊的な力としてのハウをもっている。あなたは私にタオンガを贈り，私はそれを第三者に贈る。その第三者は別のタオンガを私に返す。それは，あなたのタオンガのハウが生み出したものを最終的にあなたに返す必要があるからだ。贈物には，故郷の森や土地のハウによって命を吹き込まれている。だから，ある人から物を受けとることは，その人の霊的な本質，魂を受けとることに他ならない。それは手放された後も，物を通じて相手に影響を及ぼす。等価かそれ以上の物が返されないかぎり，その者への支配力が維持される。それが返されると，今度は，その関係が逆転する。こうして義務的な贈答は，循環して元の起源の地に戻ろうとする。まさに，経済関係は法的関係であり，この法的関係は霊魂の連なりとしての宗教的関係でもある。このマオリのハウについ

ての分析は,その後も多くの人類学者によって再検討され,レヴィ=ストロースやサーリンズ,ゴドリエらも論じている。

　全体的給付の体系では,食物も婦女も,子供も財産も,護符も,土地や労働,宗教的役割や位階などすべてのものが移譲され,人と物を含む霊的なものが地位や性,世帯で分れた氏族や個人のあいだで永続的に交換されている。それは,諸社会が与え,受け取り,お返しすることによって互いの関係を安定させてきた証拠でもある。モースは,祝祭的な贈与と戦いが移ろいやすいことを指摘しつつ,次のように述べる。「感情には理性を,こうした突然の狂態に対しては平和への意志を対置させることによって,諸民族は戦争,孤立,停滞を協同関係,贈与,交易に変換させることができたのである」。

　「贈与論」は,たんに原始的な交換体系を明らかにすることを目指したわけではない。モースは,結論部分で,そこに働く法則が今日の社会にも通じることを示唆する。「われわれの道徳や生活の大部分は,いつでも義務と自由とが入り交じった贈与の雰囲気そのものの中に留まっている。幸運にも今はまだ,すべてが売買という観点から評価されているわけではない。金銭面での価値しかもたない物も存在するが,物には金銭的価値に加えて感情的価値がある。われわれは商業上の道徳だけを持っているわけではない」。

　モースは,施しをする喜び,趣味よく寛大にお金をつかう楽しみ,歓待や公私の祝宴をする喜びに立ち返ろうと呼びかける。市民が自己と社会をともに考慮にいれて行動するという道徳こそが,未開社会にも,未来の社会にも共通する人間の社会生活の基盤なのだ,と。その言葉は熱く,胸を打つ。

モース再評価の波

『贈与論』をはじめとするモースの研究の価値をひろく知らしめたのは，彼の講義や著作に影響を受けた次世代の研究者たちの評価によるところが大きい。彼自身は，一生フィールドに赴くことはなかったものの，彼が創設した民族学研究所で多くの弟子たちを教え，ドゴン族の研究で有名なマルセル・グリオール（1898-1956）やインド研究の大家となったルイ・デュモン（1911-1998）などの人類学者を世に送り出してきた。さらに直接の教えを受けていない者たちも，モースの著作に強い影響を受けたことを告白する者は多い。

なかでも，レヴィ＝ストロースが『社会学と人類学』（1950）に寄せた序文は，モースの研究のもつ現代的な意義を強く印象づけた。その書き出しは，次のようなものだ。「マルセル・モースの教示ほど，いつまでも秘教的魅力を失わないものはすくなく，また同時にこれほど影響を及ぼしたものもすくない」。レヴィ＝ストロースは，たとえばモースの後期の著作である「身体技術」では，本書でも紹介するベネディクトやミードに代表されるアメリカの人類学派の問題関心がすでに先取りされていたと指摘する。「贈与論」については，ハウを交換の理由とする分析の不十分さを指摘しながらも，全体的社会事実を提唱した本書が社会科学にとって新紀元を画す革命的な著作として，民族学的思考の歴史上はじめて経験的観察をこえた深淵にまで至ったと評価している。

エヴァンズ＝プリチャードも，「贈与論」を英語版（1952）に翻訳し，その序文で，モースが資料の細部に至るまで徹底的に検討し，それを全体的な社会現象のなかでとらえたことに惜しみない賛辞を贈っている。なかでもじっさいにクラの調査をしたマリノフスキーでさえも誤解していた事象を，比較研究をとおしてあきらかにした

功績を称えている。1980年にはモースの論文「人格の観念」をめぐるシンポジウムがオックスフォードで開かれ，人類学者だけでなく，宗教学者や哲学者，歴史家などが一堂に会した。その成果論集『人というカテゴリー』（1985）は，モースの現代的な意義を提起している。グレーバーは，モースの政治的活動への信念を読み解きながら，そこに国家や市場にたよらない社会の手がかりをみいだそうとしている（『価値の人類学理論に向けて』）。日本でも，最近になって『贈与論』の新訳が文庫本として出版され，モースの研究の背景や政治活動に関する共同研究が行われるなど，その再評価の機運が高まっている。モースの研究は，いまなお人類学に知的刺激を与えつづけている。

マルセル・モース（Marcel Mauss, 1872-1950）
　フランス・ロレーヌ生まれ。生前には多くの論考を専門誌に寄稿するだけで，1冊の著作も出版しなかった。1950年に主要論文が『社会学と人類学』としてまとめられ，残りは1968～69年に『著作集』3巻として出版された。邦訳されている著作や共著には『社会学と人類学』『エスキモー社会』『供犠』『分類の未開形態』などがある。

参考・関連文献
　アルク誌編『マルセル・モースの世界』（足立和浩ほか訳，みすず書房，1974年）
　M・カリザスほか編『人というカテゴリー』（厚東洋輔ほか訳，紀伊国屋書店，1995年）
　野口隆『モース社会学の研究』（葦書房，1992年）
　M・モース『社会学と人類学Ⅰ・Ⅱ』（有地亨ほか訳，弘文堂，1973年）
　モース研究会『マルセル・モースの世界』（平凡社新書，2011年）

ルース・ベネディクト

『文化の型』
Patterns of Culture, 1934

米山俊直訳，講談社学術文庫，2008 年

——相違を許し，励ます，未来の社会秩序へ——

闘争としての文化相対主義

　卓越した日本人論として知られる『菊と刀』は，日本でもっとも読まれた人類学者の作品のひとつだろう。その著者ルース・ベネディクトは，紆余曲折をへてアメリカ文化人類学の大きな潮流の礎を築いた非凡な女性だった。

　アメリカの大学制度のなかで人類学を確立したのは，フランツ・ボアズ（1858-1942）だった。彼は，モーガンらの進化論的な研究を批判し，いかなる文化もそれぞれ固有の意味体系と価値をもつという文化相対主義的な立場を掲げて，人類学を趣味的な博物学から純粋な学問に高めようと努力した。1896 年にはアメリカで最初の人類学部を創設し，マーガレット・ミードをはじめ多彩な後進たちを育てた。このボアズのもとでベネディクトが学びはじめたとき，彼女はすでに 34 歳。『文化の型』を出したのは，48 歳のときだった。

　ベネディクトは，名門ヴァッサー大学を首席で卒業したあと，女学校の国語教師をしていたが，27 歳の年に生化学者スタンレー・ベネディクトと結婚して，家庭に入った。やがて，手術をしないと子供ができない身だと知ると，社会的な活動に関わりはじめる。そ

して，第一次大戦への反戦運動で団結した移住研究者たちが新設したニュースクール・フォー・ソーシャル・リサーチで人類学と出会い，しだいにのめり込んでいく。1921年，ベネディクトは，ボアズのいたコロンビア大学の大学院に入学し，わずか9ヵ月で博士課程を修了。「北米における守護霊の観念」という論文で博士号を取得する。その後，アメリカ・インディアンの調査にたずさわるかたわら，ミードが学生として学んでいたバーナード大でボアズの助手として教えたり，コロンビア大の非常勤講師を務めたりしていた。そして，彼女が離婚を決意した1931年，43歳の年にしてようやくコロンビア大の准教授の職につき，その後，たてつづけに『コクチ・インディアンの物語集』(1931)，『文化の型』(1934)，『ズニ族の神話』(1935)を発表する。

ドイツからのユダヤ系移民だったボアズは，反ナチス闘争に情熱を傾けていた。その根底には，自民族中心的な偏見を排除する文化相対主義の思想が一貫している。とくにボアズは，人種が人間の思考や行動を決定するという偏狭な人種概念への周到な批判を展開し，アメリカの黒人差別の問題などにも積極的にコミットしてきた。ベネディクトも，このボアズの危機意識と人類学者としての責任感を深く共有していた。彼女は，ボアズが議長を務めた「民主主義と知的自由のための米国委員会」に参加し，ナチスが政治的に悪用した人種概念を批判するために『人種　科学と政治』(1939)（邦題『人種主義　その批判的考察』）を発表している。

ベネディクトの人類学者としての評価を定めた『文化の型』にも，ボアズ流の文化相対主義をひきつぎ，西洋文明を基準とした異文化への差別的な思考を覆そうという意識がはっきりと示されている。

文化とパーソナリティ

『文化の型』において，ベネディクトは，従来の未開社会の研究が，その地域性や全体性を無視して文化要素をばらばらに比較してきたことを批判する。それぞれの文化には固有の統一されたパターンがみられ，個々の要素はその統合力によって一定の傾向性をもつ。個人は，その文化のなかで後天的に学習していく。この議論が，ミードにつづく「文化とパーソナリティ学派」の基本的視座となる。

ベネディクトは，アメリカ南西部のプエブロ・インディアン，メラネシアのドブ島民，アメリカ北西海岸地方のクヮキゥトゥル族の3つの事例から，その文化にニーチェがギリシャ悲劇の研究において名づけた「アポロ型」と「ディオニソス型」という相違がみられると論じた。ディオニソス型が個人の経験や集団の儀礼などにおいて恍惚や狂乱の状態に陥り，日常性を超越した精神世界に価値を置くのに対し，アポロ型はそうした逸脱的な精神状態を禁じ，自分を見失わずに中道を保持することに価値をみいだす。

ディオニソス型の儀礼では熱狂的な踊りのなかで自己を忘却することが目指される一方で，アポロ型のプエブロでは「すべての人びとが一つとなって歌い，柔らかいけれど重い鳥の足どりで動く」といった穏やかなものだった。日常生活においても，個人が権力や暴力をふりかざすことは軽蔑され，責任や権力はいつも分散されて集団が機能的な単位となった。激しい嫉妬や対立も抑制されており，周辺の民族では妻の不貞には妻の鼻の肉を切り落とすなどの報復が行われるが，プエブロではそんな乱暴なことはされない。集団内での殺人はめったに起きないし，もしあったとしても，大騒ぎせず血縁集団間の賠償の支払いで決着される。自殺はまったく禁じられており，あまりにも激しい行為として想像もできないものとされる。

第1部　人類学の確立

　他方，ディオニソス型に分類されるドブ島では，人びとは悪意と猜疑心にあふれ，裏切りや攻撃的な呪術が絶えない。結婚制度も，はじめからふたつの母系集団の対立感情を生むようにできている。夫婦間の貞操はほとんど期待もされていないが，発覚すると激しい夫婦げんかがくり返される。相手への怒りの最後の手段として自殺が選ばれることさえある。夫婦のどちらかが死ねば，配偶者にその原因が帰される。寝床をともにする者が死に至る病の責任をとるべきだとされるからだ。そして，残された未亡人やその子どもたちは，死者の親族のために代償を払いつづけなければならない。

　同じくディオニソス型のクヮキゥトゥルの宗教儀礼も，きわめて過激だ。中心的な踊り手は，口から泡を吹き，激しく震え，正気とは思えない行為にでる。しかも，その狂乱状態は，超自然的前兆として誉め称えられている。なかでも食人結社の踊りは常軌を逸していた。結社の構成員は，見物人に襲いかかり，歯で腕の一部をかみ切り，生け贄とされる奴隷たちの人肉をむさぼり食った。そして，モースをはじめ多くの研究者に注目されてきたのが，「ポトラッチ」という競争的な贈与交換の儀礼である。ライバルの首長が返礼できないほどの多くの贈物をしたり，その目の前で貴重な銅貨などの財産を破壊してみせて，相手に恥をかかせようとする。それに対抗するには，さらに盛大な返礼の祝祭にライバルを招いて，さらなる贈与と破壊の行為にでるか，敗北を認めて勝負をあきらめるしかない。こうした競合的な性質は，結婚制度にもみられ，いかに地位の高い女性と結婚して高い地位をえるかが目指されていた。

　文化が違うというのは，ある慣習がこちらにはあるがあちらにはないとか，その慣習の形式が異なっている，ということではない。文化は互いに異なる方向に方向づけられているからこそ，差異が生

じる。そして，その違いを一方の社会の目標や手段から判断することはできない。こうした文化の相対的なパーソナリティを描きだす議論は，多様な文化を単純な類型に押し込めるものとして批判を招いた。しかし，ベネディクトが『文化の型』の結論部の2章を，一定の文化的パターンにあてはまらない要素の存在や，流動的な傾向をもつ複雑な社会の事例，集団の方向づけと矛盾してしまう個人の葛藤の考察にさいていることは見逃せない。ベネディクトも，すべての文化とその成員が調和のとれた統一性をもっているとは考えていなかった。文化による対照的なパターンの提示は，ひとつには，たとえ人種的に同一とされる社会においても，まったく異なる行動様式がみられることを例証するためのものだった。

　文化の規範にあわない人間が，社会との折り合いをつけて生きようとするときの選択肢には，ふたつある。不本意な妥協に無理やり自己を押し込めてストレスにみちた人生を送るか，不適合者に与えられた特別な役割を担うか。ベネディクトは，シベリアのシャーマンやアメリカ先住民の同性愛の例をひきながら，西洋社会では「異常」とされるような逸脱者が存在価値を与えられ，社会的な役割を担ってきたことを示す。社会で適切な働きができない人は，異常な特質をもっているのではなく，その社会への反応の仕方が文化の制度に支持されなかったにすぎない。そういう視点から，ベネディクトは，18世紀のアメリカのニューイングランドで巻き起こった清教徒による魔女狩りでは，むしろ魔女の烙印を押していた牧師たちのほうが精神異常の犠牲者だったと述べる。

　ベネディクトが生きた時代，アメリカのミドルタウンでは，ほんの些細な行動でも隣人と違ってはいけないという恐怖心が蔓延し，差異への寛容さが失われていた。その現状に危惧を示しつつも，彼

女は，文化の相対性を認めるところから，未来の社会秩序が「わたしたちの今までに知っている文化にもまして，個々の相違を寛大に許し，励ますものになる」ことを展望するのだ。

『菊と刀』，そしてマーガレット・ミード

　第二次大戦が激しさを増した1943年，ベネディクトは，コロンビア大の同僚たちとともにワシントンの戦時情報局で働きはじめ，日本研究を担当する。彼女は，日系人であるロバート・ハシマらの協力をえて，膨大な日本に関する資料の分析に没頭していく。彼女の提出した報告書「日本人の行動パターン」は，戦後の日本で天皇制を維持する政治的な決断に影響を与えたともいわれる。

　報告書をもとに戦後に出版された『菊と刀』(1946)は，日本で大きな論争の的となった。1950年の『民族学研究』(日本文化人類学会の旧学会誌)には，柳田國男や和辻哲郎ら一流の論客たちがコメントを掲げ，東大でも1年にわたって『菊と刀』を検討するシンポが開かれた。一度も日本を訪れることなく書かれた調査手法や資料の事実誤認や不適切さなどを指摘する批判が相次いだものの，ベネディクトの日本人像が，日本人も意識していなかった深層的な行動様式を直感的に描き出していることを評価する声もあがった。

　じつは『文化の型』でも，ベネディクトは，プエブロのズニ族をのぞいて，みずから現地調査をしたわけではなかった。他の研究者の民族誌的資料などから，彼女の視点で文化的な事象を整理し，一定のパターンを描き出したのだ。『菊と刀』では，アメリカに移住した日系人へのインタビューや夏目漱石の『坊ちゃん』といった文学作品，日本映画に対する日本人の解釈などをとおして，きわめて論理的にアメリカ人とは対照的な日本人の姿を浮き彫りにした。そ

の巧みさは，芸術的ですらある。ベネディクトの最初の弟子にして生涯をつうじて親密な関係にあったミードも，彼女の日本研究への専心ぶりを書き残している。「これは，それまでのどの本よりも慎重に気を配って執筆した本だった。人類学者としての彼女の著作中で，複雑な表現をもちいている点では随一であり，また最大の熱情をそそいで献身的にとりくんだと彼女自身が感じた本でもある」(『人類学者ルース・ベネディクト』)。こうつづったミードの民族誌『サモアの思春期』も，『菊と刀』に日本人が示した当惑以上の批判や論争に巻き込まれることになる。

ルース・フルトン・ベネディクト (Ruth Fulton Benedict, 1887-1948)
　アメリカ・ニューヨーク市生まれ。邦訳されている主著には，『菊と刀』『人種主義 その批判的考察』がある。『人類学者ルース・ベネディクト』には，ミードによる評伝とともに，ベネディクトの7編の論文が収められている。

参考・関連文献
　太田好信「媒介としての文化　ボアズと文化相対主義」『メイキング文化人類学』(世界思想社，2005年)
　M・カフリー『さまよえる人ルース・ベネディクト』(福井七子，上田誉志美訳，関西大学出版部，1993年)
　R・ベネディクト『日本人の行動パターン』(福井七子訳，日本放送出版協会，1997年)
　M・ミード編『人類学者ルース・ベネディクト　その肖像と作品』(松園万亀雄訳，社会思想社，1977年)
　米山俊直「解説 ルース・ベネディクト　その生涯と学説」『文化の型』(講談社学術文庫，2008年)

マーガレット・ミード

『サモアの思春期』
Mature in Samoa, 1928

畑中幸子,山本真鳥訳,蒼樹書房,1976年

──異文化の可能性を開く──

情熱と行動の人,ミード

　マーガレット・ミードが1928年に最初の民族誌『サモアの思春期』を出版したのは,彼女がわずか27歳のときだった。本書はすぐに人気雑誌の書評でとりあげられ,アメリカでベストセラーになった。いまでも広く読み継がれている民族誌だ。

　ミードは,大学の経済学の教授である父と,社会学の大学院で移民の研究をしていた母親のもと,女性も男性と同じように仕事をして当然という雰囲気のなかで育った。一方,頑固で独裁的な父親の性格や,女性の参政権を求める運動に熱中していたフェミニストの母親には,反感も抱いていたようだ。そんなミードは,高校生のときに,ペンシルバニア州立大学の3年生だったルーサー・クレスマンと出会い,大学卒業後に結婚する約束を交わす。最初に父の母校だったインディアナ州のデポー大学に進学して英文学を学ぶが,大学生活になじめず,当時クレスマンが生活していたニューヨーク市にあるバーナード大学に転校。そこで,フランツ・ボアズとその助手をしていたルース・ベネディクトと出会うことになる。

　ミードは,ベネディクトと親しくなると,人類学を宗教的な使命

のように人生を捧げる目標としていた彼女の姿勢に心を動かされる。それこそミードが求めていたものだった。ボアズやベネディクトの人類学のビジョン——人類が互いに偏見をなくして理解しあい、より合理的に、そしてより幸せに暮らせるようにする科学分野を目指す——にも大きな共感を抱いた。ミードは、人類学者になる決意を固め、バーナード大で心理学の学位をとると、1922年、ボアズのいるコロンビア大学の大学院に進学。同時に、家族の反対をおしきって、21歳でクレスマンと結婚した。

ボアズは、心理学者のホールが提唱した理論をミードに検証してほしいと思っていた。ホールは、思春期は子どもが両親に反抗して独立しようとする時期なので、いやおうなく激しいものとなると考えた。だが、ボアズはその考えに疑いをもっていた。そして、アメリカ・インディアンの思春期の研究をミードに勧めたが、ミードは、もっと遠くのまだ研究されていない地域で調査することを望んでいた。思いがけず父親の支援などもあり、ミードは南太平洋にあるアメリカ領サモアに行くことになった。大学院に入ってわずか3年後の1925年5月に博士論文「ポリネシアにおける文化的安定性の疑問に答える調査研究」をまとめると、その夏には、ミードはハワイ行きの船に乗り込み、サモアに向かっていた。

サモアで9ヵ月の調査を終えたあと、ミードは、オーストラリアからの船旅で、顔立ちの整った長身の心理学者、レオ・フォーチュンと出会う。彼女は知的な学問の話に飢えていたうえに、彼の幅広い読書に感銘を受けた。そして、フランスまでの6週間の航海中、ほとんど休みなく話しつづけ、船がマルセイユに入港してからもまだしゃべっていた。マルセイユで待っていたクレスマンが、なぜなかなか妻が下船してこないのか、いぶかしく思うほどだった。6ヵ

月後,ミードは,フォーチュンと結婚するためにクレスマンに離婚を申し出る。

ミードは,アメリカ自然史博物館の民族学担当のキュレーター助手として働きながら,サモアの研究をまとめた。アメリカの若者の葛藤や非行の問題がとりざたされ,ちょうど国民的な関心が高まっていた時期でもあった。出版社からの要望で,ミードは,アメリカ人がサモアから何を学べるかを解説した2つの章を巻末にくわえる。そして,本がベストセラーになることも知らずに,1928年の秋,次のフィールドワークを開始すべく,フォーチュンが仕事をしていたニューギニアへと向かった(そのフォーチュンとも,二度目のニューギニア調査のあと,1935年に離婚,翌年にはグレゴリー・ベイトソンと結婚し,バリ島での調査をはじめる)。

異文化に学ぶ

サモアの若者にとっての思春期が穏やかなものなのに,なぜアメリカの若者にとっては緊張した時期になるのか。サモアの社会には全体的に気楽さがあり,家族のつながりは融通がきき,性を隠しだてせず,若い娘の努めと大人になってからの仕事が継続性をもって定まっている。ミードは,そのためにサモアの少女たちの思春期はのどかな時期になるのだと考えた。

『サモアの思春期』で,ミードは,サモアの少女たちの生活について,じつに詳細な記述をしている。一日の過ごし方から,子どものしつけや家族関係,年齢集団や地域集団のなかでの位置づけ,一般的に容認されている異性関係,踊りの教育的な意味,個性や性格についての考え方など,さまざまな事象がテーマとして扱われる。最初は男女の隔てなく育てられるが,やがて男の子と女の子は異な

る役割を担うようになり，兄弟姉妹やイトコたちは互いに距離をおきはじめる。少女たちは，貴重材でもあるマットを編んだり，家事の手伝いをしたりと，女性としての仕事を身につけていく。子どものころから子守りや家事など，多くの仕事を担わされるが，高い身分の少女をのぞいて，家族関係や労働などが気に入らなければ，生家を出て他の親類と暮らすことも許される。

　男女間の厳密な区別や年齢と身分による秩序が保たれている一方で，未婚の男女の恋愛や既婚者との性的関係が許容される側面もある。椰子の木陰での逢い引きや夜這い，駆け落ちなども少女たちの話題にのぼる。そんな恋愛のなかで，たとえ女性が不機嫌な状態に陥っても，それが個人の人格の問題として非難されることはなく，寛容に受けとめられる。少女たちには，男友だちと好きに会えるだけでなく，会わずにいる自由もあった。女性たちはなるべく結婚を遅らせようとし，社会にも子どもが成熟を遅らせるのを積極的に認める雰囲気がある。少女たちは，こうしたライフサイクルを，ゆるやかな大家族のつながりに囲まれ，性的にもおおらかな環境で個性を尊重されて過ごす。だから，過度な精神的な苦悩や緊張を強いられることがないのだ。

　ミードは，このサモアの思春期のあり方から，アメリカ社会における教育の問題点をつづる。「混成文化」であるアメリカ社会には，相矛盾する複数の規範があり，個人はすべて自分で選択しなければならない。宗教だけでも，カソリックからプロテスタント，精神主義，不可知論，無神論，まったくの無関心まで幅広い。それはすべての人が同じ宗派のキリスト教徒であるサモアでは考えられないことだ。しかも，大家族に囲まれて育つサモアと違い，子どもの数が少なく閉鎖的な家庭のアメリカでは，親と子が密接な関係となり，

親の信じる価値観が決定的な影響力をもつ。子どもは，親の価値観と向き合いながら，他にも多様な選択肢が存在することを知る。そこでどんな選択をするか，親の言うことに従うのか，反抗するのか，それが人生を決める重大事として心理的な重荷となる。さらに，多くの大人や子どもがともに暮らし，性交，妊娠，出生，死などが日常的なサモアとは違い，アメリカの子どもたちには生死や性にまつわる経験がきわめて限られている。その数少ない経験がグロテスクで痛烈なものになると，つねに恐怖心や不快感に苛まれ，一生，葛藤を抱え込むことにもなる。

ミードは，「教育とは，ひとつの制度をとりたてて弁護したり，外部からの影響を受けつけず，それに逆らうような特殊な性質を形成しようとむりに試みたりすることではなく，むしろそうした影響そのものを受け止められるような準備をすること」だとして，家庭で異なる規範への寛容さを教える大切さを説く。そして，「多くの道を知っているわれわれは，子どもたちに自由に選ばせようではないか」という言葉で締めくくる。サモアとアメリカを鮮やかに対比させ，歯切れのよい言葉で問題の所在を次つぎに指摘していくミードの文章は力強く，いまの時代でも説得力を感じさせる。

『サモアの思春期』への批判

ミードは，いくつもの異なる社会で精力的に現地調査を行い，生涯で1000本を超える論文やエッセーを書き，30冊の本を出版した。日本語に翻訳されている著作も少なくない。数多くの講演をこなすだけでなく，テレビやラジオのトークショーなどにも積極的に出演して，その大胆で洗練された発言が評判を呼んだ。彼女は，いつも文化人類学が社会に貢献しうることを情熱的に語っていた。ミード

は，アメリカにおける文化人類学の地位を一気に高め，その黄金期を築いた巨人となった。1960年にはアメリカ人類学会の会長をつとめ，晩年の1975年には，アメリカでもっとも権威のある全米科学アカデミーの会員に選出され，米国科学振興協会の会長にもなった。彼女が1978年に76歳で亡くなると，アメリカ最高の市民賞である大統領自由賞が贈られている。

　しかし，ミードの死後，『サモアの思春期』をめぐる大論争が起きた。オーストラリアの人類学者デリク・フリーマンが，『マーガレット・ミードとサモア』(1983) のなかで，ミードのフィールドでの誤解や調査の未熟さを暴き，サモアにはミードが描いたような性の自由ものどかな思春期もない，と主張したのだ。なかでも，少女たちのサモア特有の性的な冗談を真に受けて誤った結論を導いたという指摘は，のちに当時ミードに冗談を言ったという女性の証言もくわわって，ひとつのスキャンダルになった。

　アメリカでは，もっとも著名な女性であるミードを非難されたことへの反感がある一方で，もしミードの結論が間違っていたとしたら，アメリカ社会が性に寛大になるようにしてきたことは誤りだったのか，と不安を感じる人びともいた。フリーマンがミードとは対極の社会生物学的な生物決定論の立場だったこともあり，アメリカの人類学者たちは威信をかけていっせいにミードを擁護した。ミードとベイトソンとのあいだに生まれたひとり娘のメアリー・キャサリンも，両親の思い出をつづった著書『娘の眼から』(1984) のなかで，小さな島の少女たちの話をサモア文化全体に広げてしまったミードの限界を指摘しつつ，フリーマンが違う時期に異なる視点で行われた調査結果を単純化していると反論している（彼女はそれ以前にもフリーマンとテレビの討論会で激しい論戦を闘わせていた）。

文化人類学者がフィールドワークという手法で描く「文化の型」は，はたして客観的に正しいものなのか，それはどれほど調査をしたときの歴史的状況や研究者の視点に左右されるのか，この論争はのちに人類学に立ちはだかった重大な疑念につながっていく（『文化批判としての人類学』の項を参照）。

マーガレット・ミード（Margaret Mead, 1901-1978）
　アメリカ・ペンシルバニア州フィラデルフィア生まれ。邦訳された主著には，『フィールドからの手紙』『火薬をしめらせるな　文化人類学者のアメリカ論』『男性と女性　移りゆく世界における両性の研究』『地球時代の文化論　文化とコミットメント』などがある。

参考・関連文献
　池田光穂「民族誌のメイキングとリメイキング　ミードがサモアで見いだしたものの行方」『メイキング文化人類学』（世界思想社，2005年）
　D・フリーマン『マーガレット・ミードとサモア』（木村洋二訳，みすず書房，1995年）
　J・マーク，O・ギンガリッチ『マーガレッドミード　はるかなる異文化への航海』（西田美緒子訳，大月書店，2009年）
　M・ミード『女として，人類学者として　マーガレット・ミード自伝』（和智綏子訳，平凡社，1975年）
　H・ラプスリー『マーガレット・ミードとルース・ベネディクト　ふたりの恋愛が育んだ文化人類学』（伊藤悟訳，明石書店，2002年）
　M・C・ベイトソン『娘の眼から　マーガレット・ミードとグレゴリー・ベイトソンの私的メモワール』（佐藤良明，保坂嘉恵美訳，国文社，1993年）

第2部

人類学理論の深化

　長期参与観察のフィールドワークという人類学の方法論が確立して以来，世界中で綿密な現地調査にもとづくさまざまな民族誌が著わされてきた。そして，その蓄積された知見をもとに，人類学の理論が深められていく。なぜ人びとはある行動を慣習的にくり返すのか，西洋からみると非合理にみえる儀礼や信仰の背景に何があるのか。それらは文化や社会の発展とどう関わっているのか。1950年代から70年代にかけて，人類学が提起する理論は，西洋社会のなかで大きな影響力をもちはじめる。そして，他の多くの学問分野にも刺激を与えるようになる。それは人類学の黄金期だった。

レイモンド・ファース

『価値と組織化　社会人類学序説』
Elements of Social Organization, 1951/1961

正岡寛司監訳，早稲田大学出版部，1978年

――社会と個人の関係の理論化――

社会人類学の偉人

　イギリス社会人類学の礎を築いたマリノフスキーとラドクリフ＝ブラウン（1881-1955）の次世代を担い，人類学理論の深化に貢献したレイモンド・ファース。『価値と組織化』（原題『社会組織の諸要素』）は，その研究の迫力をいまに伝える一冊だ。

　ファースは，ニュージーランドのオークランド大学で経済学を学び，修士号を取得したあと，1924年にイギリスに渡る。ロンドン大学のスクール・オブ・エコノミクス（LSE）で経済学の博士論文を執筆する予定だったが，マリノフスキーとの出会いが彼を人類学に転向させる。当時のイギリスでは，マリノフスキーが確立した長期参与観察という手法をもとに，詳細な調査データにもとづく報告が次つぎと発表され，人類学は活気に満ちていた。ファースも，マリノフスキーのもとに集まった若き才能たちとともに人類学を学び，1927年にマオリの原始経済に関する研究で博士号を取得。1928年からはソロモン群島のティコピア島で1年にわたる調査を行う。1930年，シカゴ大学に移ったラドクリフ＝ブラウンの後任としてシドニー大の教授に就任するが，3年ほどでイギリスに戻り，LSE

の講師になる。その後、ティコピアでの研究成果をまとめた600頁をこえる民族誌『われら、ティコピア』(1936) を発表、一躍名声をえる。その間、マレーシアで漁民の調査も継続していた。1944年には、マリノフスキーの後任としてLSEの教授に就任。膨大な著作を発表し、多くの後進の人類学者を育てた。ティコピアに通いつづけながら、西アフリカや産業社会など、あらたなフィールドでの調査研究も進める。2002年に101歳を目前に亡くなるまで、若き人類学者とともに共同研究を行い、論文や著作を発表しつづけた。その学問への情熱には圧倒される。

　ファースの功績は、マリノフスキーとラドクリフ＝ブラウンの理論的な対立を乗り越え、あらたな領野を切り拓いたことにある。マリノフスキーは、個人の欲求を基点にし、その欲求を充足して生存を可能にするような社会制度の機能を考えていた。一方、ラドクリフ＝ブラウンは、社会関係のネットワークの形式を社会構造とみなし、その構造の存続に寄与する機能に注目して、当時の主流派となった。ラドクリフ＝ブラウンたちにとって、個人の行為は規範や社会構造によって規制され、それを反映するものとなる。ファースは、ティコピアの民族誌において、人びとが規範から自由に振る舞い、みずから選択や決定を行っている様子を描きだした。抽象的な社会構造とじっさいの相互行為の過程との関係をどうとらえるのか。ファースは、「社会組織 (social organization)」という概念を導入することで、社会構造と個人の行為との関係を理論化する。

持続性と変化――社会組織化というプロセス

　ファースは、異なる社会環境のなかで人びとがいかに行動しているかを観察し、その行動にみられる共通の要因と差異を見出すこと

が社会人類学の役割だと考えた。彼は，ティコピアの「名前」を例に挙げる。ふつう名前は自分の存在と結びつき，パーソナリティの一面とさえ感じられる。しかし，ティコピアでは，結婚によって男性も女性も例外なく新しい名前をつける。その後も，さまざまな理由で名前が変更される。こうした慣習は奇異に思えるかもしれない。しかし，欧米でも結婚で女性だけが姓を変えたり，両親は子どもからクリスチャン名で呼ばれないなど，ある種の規則が存在している。どんな社会にも個人の名前についての規則があり，その規則は集団構造と調和している。つまり，ティコピアの事例も，（フレイザーが考えたように）誤った観念の連想などではなく，名づけの制度と居住制や家族構成，先祖守護の信念などが構造的連関をなしているのだ。社会人類学は，こうして抽象的な構造と同時に具体的な行為のレベルを扱う。

　ファースは，さらに事実を観察することの意味を考察する。われわれは類似した要素を関連づけたり，そこからあるタイプの社会関係を抽出したりする。たとえば「与える」という動作は，さまざまな意味をもちうる。購入や販売，贈物交換，結婚や葬儀での財産の譲渡，神や祖先への供物。これらは特定の社会関係と結びつくことで意味をなす。与えるための方法や文脈，量などには規則性がみられ，ある程度，予測可能でもある。ティコピアでは，親族の者が死亡すると，誰が施主の座につくか，葬儀が何日くらい続くか，譲渡される食物や品物の数量などが予測できた。ただし当然，個人による選択や決定も関わってくる。人類学者は「社会」や「文化」を観察しているわけではない。「社会関係」でさえも観察しうるものではない。それらは物理的な所作の数々から推量される。つまり人類学者は，つねに行動の文脈を適切に把握して抽象化しなければなら

ない。同時に、個人の行動が抽象的な規範からずれている程度を調べるために、たえず個人の行動に遡及することが重要になる。

そこでファースが提起したのが、「社会組織」という観点である。人は、行為するとき社会的に共有された目的を必要とする。その社会的な目的によって、はじめて行為を秩序立てて配列することができる。この過程をファースは「社会組織化」と呼んだ。社会組織化は多様な要素をある程度まで共通の関係に結びつける役割を果たす。選択や決定は個人的評価にもとづいてなされるが、それは一般的な目的を個人にとって意義ある用語に翻訳することでもある。スマトラのアチェでは、一般に遵守されるシャフィイテ法にそって少女を同意なしに結婚させる権利をもつのは、上位世代の父系親族である父と祖父（父の父）に限られる。この「ワリ」といわれる後見人をもたない未成年の少女は厳密にいえば結婚できない。ただし、少女を成人させるまで未婚の状態にとどめることへの偏見も根強い。人びとは、このジレンマをワリ関係を母系親族に広げるハナフィ法に依拠することで解決する。ふたつの「法」のどちらに依拠するのか。少女を結婚させるのか、させないのか。親族が寄り合い、意見を交換しながら、少女の身分や金銭上の問題など多くの要素が考慮される。アチェ社会において、ワリ関係という制度は唯一の決定的な要因ではない。この制度は、人びとの組織的な選択と決定によって維持されているのだ。

この点が社会構造と社会組織との違いでもある。社会組織化の過程には、ある行動が反復されるという連続性とともに、また別の行動へと変化する余地がある。ファースは、社会組織化という選択と決定の行為による社会関係の秩序づけには、その行為に先立つ状況と行為のあとにつづく状況という「時間」の要素が入り込むと指摘

する。「構造形式は先例を与え、そして可能な代替範囲の限定を用意する。したがって、一見自由な選択が実行できる範囲は実際上はしばしばきわめて小さい。しかし、それは多様性を強める代替可能性なのである。一人の個人は、意識的にかあるいは無意識的に、やがて彼が従うことになる経過を選択する。そして彼の決定は、将来の構造的配置に作用することになろう」。

社会組織化には、つねに資源の配分がともなう。そして、手段が目的に対して果たしうる効果という意味での能率性に関わる。そこでの個人の選択は時間とエネルギーという資源の経済でもある。こうしてファースは、人類学における「経済」の問題を焦点化する。そこに経済学を学んだファースの独創性がある。

経済学がおもに貨幣を介した交換関係に注目するのに対し、人類学では経済的価値に関わるさまざまな社会関係を対象にする。とくに、人間行動の経済的な側面にみられる原理がいかに具体的な社会的、文化的な脈絡のなかで作用するかが重要な問いとなる。経済学の原理が普遍的にみえるのは、産業社会や資本主義社会という文脈だけを前提にしているからにすぎない。経済の組織化には、つねに社会性が関わる。「いかなる個人の選択・行動・価値もすべて他の人びとによって条件づけられている。その人びともまた自分達の選択を行う。かれらは一組の共通な資源をめぐって競合する」。

ある個人の地位は他人との関係のなかで決まり、他人の行為が個人の概念的・象徴的体系に意味を付与する。だからこそ個人は他者の選択の型を知る必要がある。たとえば、貨幣を使用する領域と使用しない領域との境界にはある種の一般的合意や期待がある。レストランでは食事の代金を支払うが、個人の家の食事にお金は払われない。この境界の引き方には社会によって多様性があり、そこに人

類学が「経済」を扱う意義もある。

　ほとんどの社会関係には経済的側面がある。人びとの関係自体が，財やサービスの生産や交換をめぐる結合という点で「経済」となる。たとえばティコピアのような社会では，家を建てるといった労働や技術への返礼は贈物の提供や共食の儀礼によって行われ，人格化された社会的身分と結びつく。その財やサービスのやりとりは，一見，経済らしからぬ手段や方法を通して行われるが，それは「経済」を貨幣的な取引に限定してとらえているからだ。産業社会では，労働や技術への報酬が個人の能力に対する支払いとしてなされ，社会的な性格や人格の全体性とは切り離される。ただし，西欧の社会でも，労働が道徳的に善とされ，怠惰は悪とされるなど道徳性も関わっている。アメリカの工場での調査では，労働への動機づけが労働者間の集団的な忠誠心という社会関係にねざしていることがあきらかにされた。それは人類学が未開社会での労働が親族関係や共同体での義務，呪術的・宗教的制度に関わっていると論じてきたことと重なる。財やサービスの生産や交換といった経済体系は，つねに社会的に組織化され，その価値や意味を社会体系から引き出しているのだ。

　ファースは，さらに「美術」や「道徳」，「宗教」へと議論を展開する。経済学的な観点では必要性に乏しいような美術や宗教といった現象に，なぜ普遍性があるのか。審美性や道徳的義務，儀礼行為においても，個人の行為と社会的な価値とが結びついている。随所で彼自身のフィールドでの事例や経験をあげて論じていくファースの文章は，フィールドで長期にわたって参与観察をつづけ，その行為の意味を問いつづけた者ならではの洞察にあふれている。

行為と構造,さらなる探究へ

　ノルウェーの人類学者トーマス・エリクセン(1962-)は,「行為者としての個人」に注目するファースの社会組織の観点が,社会構造を中心とした構造機能主義からの理論的変化の端緒となったと指摘している。この流れを推し進め,方法的個人主義を徹底したのが,フレデリック・バース(1928-2016)である。『社会組織のモデル』(1966)において,バースは,個人の行為や相互行為を観察することを通して社会的な現象を分析できると主張した。個人が自己の利益を追求するなかで,いかに共通の規範や価値が生じ,社会の統合が可能になるのか。それまで前提とされてきた社会の統合や構造の存在自体が考察すべき問いとされた。バースは,行為者間のトランザクションに注目し,二者関係の利害の重なりから価値や規範が共有されていくと論じた。個人の行為と社会構造との関係。この難題は,ピエール・ブルデュらによって,さらに精緻に問いなおされることになる。

レイモンド・ファース(Raymond Firth, 1901-2002)
　ニュージーランド・オークランド生まれ。『ニュージーランド・マオリの原始経済』『われら,ティコピア』『マレー漁民』など多くの著作や編著がある。邦訳には『民族学入門　人間の類型』がある。

参考・関連文献
　T・エリクセン『人類学とは何か』(鈴木清史訳,世界思想社,2008年)
　比嘉政夫「ファースの理論」『現代文化人類学のエッセンス』(ペリカン社,
　　1978年)

クロード・レヴィ=ストロース

『野生の思考』
La Pensée sauvage, 1962

大橋保夫訳,みすず書房,1976年

―― 野生の思考という知性 ――

活動家から人類学者へ

　クロード・レヴィ=ストロースの構造人類学は,20世紀の思想界に多大な影響を与えてきた。その業績は,人類学のひとつの到達点といっても過言ではない。

　この「もっとも偉大な人類学者」と称されるレヴィ=ストロースも,若き日は社会主義の活動家だった。高校生のころからマルクスを熱心に読むようになり,1926年にパリ大学に入ると,フランス社会党に加入。同年,わずか18歳でベルギー労働党の出版局から『グラックス・バブーフと共産主義』(『現代思想』2010年1月号所収)を刊行している。バブーフは,私的所有の否定という共産主義の理想を実践するための蜂起委員会を組織し,最後は死刑に処せられたフランス革命期の活動家である。レヴィ=ストロースは,バブーフの著作を「歴史のなかで社会主義の最初の出現」と評し,「ひとりひとりの人間が最も快適な生活を苦労なく過ごすことのできる国家を発見する」ために行動した半生に深い共感を寄せる。

　渡辺公三 (1949-2017) は,学生活動家時代の著作をひもとき,その思想の源泉をたどっている。1928年,レヴィ=ストロースは,

社会主義学生全国連合の事務局長となり、『社会主義学生』誌の編集にもたずさわる。そこで彼は多くの評論や書評を発表する。そのテーマは、社会主義の潮流から、反戦主義、革命的な文学や芸術にいたるまで幅広い。1930年代に入ると、ドイツなどでのファシズム台頭への危機感から、「国家社会主義」をめぐる評論や第一次大戦の研究に関する書評などが寄稿されている。1932年、兵役を終えて高校の哲学教師となった彼は、地方選挙に社会党から立候補を企てるが、断念。このころロバート・ローウィ（1883-1957）の『未開社会』（1920）を読んで、民族学に傾倒するようになった。そして、1933年の寄稿を最後に『社会主義学生』の編集から身を引く。そのわずか1年後、彼はサンパウロ大学の社会学講師として赴任するため、マルセイユから船でブラジルに旅立つ。

　この間の経緯やブラジル滞在中のインディアン調査の経験が、名著『悲しき熱帯』（1955）のもととなった。「私は旅や探検家が嫌いだ」という有名な一節ではじまる『悲しき熱帯』には、マルクスやフロイトを読み、哲学を学んだ日々から、いかに民族学に目覚めたのか、レヴィ＝ストロースの歩んだ足跡がつづられている。彼にとってローウィの著作はひとつの「啓示」だった。「私の思考は、哲学的思弁の訓練のために密閉された甕に押し込まれ、汗を流していた状態を逃れた。外気の中に連れ出されて、私の思考は、新しい風に当たって生気を取り戻すのを感じた」。レヴィ＝ストロースを民族学に向かわせた根底には、西洋を中心とした近代文明や科学技術の盲信への痛烈な批判精神があった。それは、若き日の社会変革の夢を別のかたちで表現することだったのかもしれない。「人類諸文化の虹が、われわれの熱狂によって穿たれた空白の中にすっかり呑み込まれてしまう時、われわれがこの世にいる限り、そして世界

が存在する限り、われわれを接近不可能なものへと結びつけているこのか細い掛け橋は、われわれの奴隷化へ向かうのとは逆の道を示しながら、われわれの傍らに留まりつづけるであろう。その道を、踏破できなくとも熟視することによって、人間は、人間にふさわしいことを彼が知っている唯一の恩恵を受けることができる」。

「野生の思考」の力——西洋中心主義への挑戦

『野生の思考』で挑んだのも、西洋の不遜な自民族中心主義(エスノセントリズム)を民族誌的資料から徹底的に批判することだった。レヴィ＝ストロースは、まず「未開」とか「野蛮」と考えられてきた人びとの自然についての豊富な知識を披瀝する。たとえば、フィリピンのハヌノー族は、4061種類もの動物や昆虫を分類しており、植物語彙は2000語にものぼる。その知識はかならずしも「利用」を前提としたものではなかった。自然への知識は「物的要求を充足させるに先立って、もしくは物的要求を充足させるものではなく、知的要求に答えるものなのである」。科学と対比され、「混同」や「錯誤」とされてきた呪術的思考についても、彼は真逆の議論を展開する。「それ〔呪術的思考〕が科学と異なる点は、因果性についての無知ないしその軽視ではなく、むしろ逆に、呪術的思考において因果性追究の欲求がより激しく強硬なこと」にある。呪術が全面的な因果性を公準とするのに対し、科学は、いくつかのレベルを区別して、その一部にのみ因果性が成り立つことを認めるに過ぎない。

呪術は、科学への発展の一段階ではない。それらは認識の二様式として並置される。呪術的思考では、感覚的性質が重視され、たとえば舌を刺す苦い味をもつ汁は毒であるとか、歯の形をした種子は蛇にかまれるのを防止するといった推論がなされる。これは、美的

感情にとって同一の物が客観的現実に対応しているという感覚にもとづいた発見である。それをレヴィ＝ストロースは「具体の科学」と表現した。「具体の科学は，近代科学と同様に学問的である。その結果の真実性においても違いはない」。それは，フランス語で「ブリコラージュ＝器用仕事」といわれる，ありあわせの道具や材料を用いて物をつくる仕事でもある。神話的思考の本性とは，まさに雑多な要素からなり，限りある「もちあわせ」の材料から考えを表現することにある。それは事前に計画されるわけではない。「まだなにかの役に立つ」という潜在的有用性の原則によって収集，保存された要素で構成されるのだ。

　この野生の思考の代表例として，レヴィ＝ストロースが考察の柱としたのが，動植物など自然界の分類を人間社会と関連づける「トーテム的分類」である。たとえば，北米のヒダツァ族では，聖なる仕事である鷲狩りの技法を超自然動物から習ったと伝えられる。レヴィ＝ストロースは，その動物がクズリ（小型の熊に似たイタチ科の動物）だと指摘する。クズリは，神話では人をだまし，嫌われ，恐れられる。一方，猟師たちは「イタチの仲間で唯一罠で捕らえられない。罠にかかった動物を盗み，罠をもっていったりする」という。じっさいの鷲狩りでは，猟師は穴に隠れて，穴の上においた餌につられた鷲を素手で捕らえる。このとき穴に入った人間は，罠にかかった動物の姿勢をとる獲物でもあり，猟人でもある。罠で捕らえられないクズリだけがこの矛盾した状況を克服できる。猟人は低い位置（空間的・獲物の立場）から高い位置の獲物（空を飛び，神話で最高位にある鷲）を捕まえる。鷲狩りの儀礼でも，天上の獲物と地下の猟人という二元構成が貫徹される。同様の神話がある他の地域では，別の動物が役割をはたす。類似する論理構造が「もちあわせ」

の語彙／動物種を用いて組み立てられるのだ。「要素」は一定ではなく，「関係」のみが維持される。この「関係」こそが，レヴィ＝ストロースのいう「構造」である。

　神話や儀礼に出てくる動植物，鉱物，天体などの要素は内在的に意味をもつわけではない。意味は「位置によって」決まる。象徴体系のなかで同じ動植物が，違う性質にもとづいて，多様な用いられ方をする。要素間の関係は，隣接性（構造的・機能的に同一体系に属す）と類似性（同一体系でなくても，特定の性質を共有）にねざす。未開社会の生活と思考を支配する論理は，こうした要素間の弁別的差異から作動する。経験をもとに異なると考えられる諸要素をつねに対立させること。それがトーテム的論理の原則である。

　このトーテムの論理にはどんな意義があるのか。レヴィ＝ストロースは，そこに人間と自然との対立を克服する手段，あるいはその希望をみる。ムルンギン族の神話では，天地の初め，姉妹が海に向かって歩き，土地や動植物に命名した。姉妹のトーテムである大蛇の池で，姉が経血で水を汚す。大蛇は立腹して鎌首を持ち上げて大雨を降らせ，大洪水になる。蛇が寝そべると水は消えた。この神話には，地域の降雨パターン――雨期に大量の雨で洪水になり，乾季は極度に乾燥する――が関わっている。さらに，清浄＝男＝雨（授精），不浄＝女＝地（受精）という要素が関連づけられている。それは，まさに「自然条件」と「社会条件」のあいだに相同の関係をつくろうとする試みである。ムルンギンの儀礼では，男性集団が女性集団を「飲み下す」動作をして，集団全体を浄化しようとする。人間は人間と自然環境との関係を概念化し，体系化する。こうして「自然」は，神話が解明しようとする「対象」ではなく，現実を神話で説明するための「手段」になる。

では，なぜタブーが定められるのか。トーテムをもつ社会では，食べてよいものと悪いものが決められている。ある種の動植物を禁止するのは，それらを「有意」なものにするためだ。許容／禁止が質的な差異をつくりだす。可食は同化と同質性を意味し，禁忌はその同質性の否定となる。こうして動物の間の差異，人間の間の差異，動物と人間の間の差異が定められる。動物の間の差異を人間は自然から取り出して，人間の集団間の差異の標章とする（各集団が独自のトーテムをもつ）。それは自然を文化の領域に移すことでもある。そして，特定の動物を特定の人間集団が忌避して，動物の肉と同化する（＝食べる）ことで生じる両者の類似性を否定する。それが自然と文化の分離を支える。

　最後に，どうして文明社会にはトーテムがないのか。トーテミズムのないヨーロッパやアジアの大文明地域は，自分たちの変化を歴史によって説明する「熱い社会」である。一方，トーテム的論理は，動物種と人間の集団との無時間的な並存を前提にする。つまり，歴史なき自然界を基準にして人間社会に起こる変化を解釈／修正する「冷たい社会」なのだ。熱い社会は，歴史的生成を自己のうちに取り込んで，それを発展の原動力にする。冷たい社会は，歴史的要因が社会の安定と連続性に及ぼす影響を消去し，時間的順序が連鎖の内容に影響しないようにする。そこでは，「ご先祖様の教えだ」という古さと連続性だけが正統性の基礎になる。ただし，神話にあらわれる歴史は，現在に対して「離接的」であると同時に「連接的」でもある。離接的とは，創造者としての先祖が模倣者である現在の人間とは違った属性を与えられていること。連接的とは，先祖の出現以来，同じことの回帰によって出来事の特殊性が消されてしまうこと。野生の思考は，両者の軋轢を回避し，その矛盾（祖先と子孫

の分離）を統一性のある体系をつくりだす材料にする。神話における「歴史」は，出来事固有の性質を無時間の純粋状態において提示し，歴史（偶然性）を分類体系（必然性）に組み込むことで，非合理性を合理性のなかに収容する。「野生の思考」の深さ。それを掘り下げていく議論の筋道はじつに鮮やかだ。

レヴィ＝ストロースの現在

　レヴィ＝ストロースは『野生の思考』を著わしたのち，後半生の大半を膨大な神話分析の作業に捧げた。『神話論理』全4巻は，彼のライフワークとして「二十世紀思想の金字塔」とまで讃えられる。日本にもたびたび訪れ，1988年，80歳のときに5度目の来日をしている。2009年10月に101歳を目前にして生涯を終えたいまも，日本では翻訳や関連書籍の出版が後を絶たない。

　『野生の思考』が出版されたとき，その終章でのサルトル批判が大きな話題を呼んだ。しかし，レヴィ＝ストロースの文章には，ある一時代の思想的な論争という枠組みにはおさまらない深みがある。『野生の思考』で論じられた自然と人間（文化）との関係は，ラトゥールの近代論の素地となる問題意識でもある。『悲しき熱帯』で，執拗に考察された西洋発祥の民族学が「未開」とされる社会を対象に学問をすること，その非対称な関係に刻まれた困難さは，80年代の民族誌に向けられた自己批判をさらに超えたところまで見通している部分もある。ユネスコの反人種キャンペーンの一環として書かれた『人種と歴史』（1952）は，人類文化の差異／不平等についての文化相対主義と普遍的価値のジレンマという重大な問いに向き合っている。この偉大な人類学者が残した著作の数々は，21世紀の人類学にとって，いまだ汲めど尽きぬ泉である。

クロード・レヴィ゠ストロース（Claude Lévi-Strauss, 1908-2009）

　ベルギー・ブリュッセル生まれ。『親族の基本構造』『人種と歴史』『構造人類学』『神話論理』など代表作の多くが邦訳されている。

参考・関連文献

　C・レヴィ゠ストロース『悲しき熱帯』（川田順造訳，中公クラシックス，2001年）

　渡辺公三『闘うレヴィ゠ストロース』（平凡社新書，2009年）

　渡辺公三，木村秀雄編『レヴィ゠ストロース神話論理の森へ』（みすず書房，2006年）

　松田素二「反人種主義という困難　レヴィ゠ストロースの『人種と歴史』を読み直す」『KAWADE道の手帖　レヴィ゠ストロース』（河出書房新社，2010年）

　『現代思想　特集レヴィ゠ストロース』2010年1月（青土社）

メアリ・ダグラス

『汚穢と禁忌』
Purity and Danger: An Analysis of Concepts of Pollution and Taboo, 1966

塚本利明訳，ちくま学芸文庫，2009 年

――無秩序は危険と能力(ちから)を象徴する――

統制と自由／秩序と無秩序という問い

　ミードがアメリカを代表する女性人類学者だとすれば，イギリスの社会人類学の王道を歩んだ才能あふれる女性人類学者の代表格が，メアリ・ダグラスである。

　オックスフォード大学を卒業後，同大学の人類学研究所に在籍し，エヴァンズ＝プリチャードらのもとで人類学を学んだ。その後，1949〜50 年にベルギー領コンゴで行ったレレ族の調査をもとに，汚穢と禁忌に関する博士論文を提出，人類学講師となる。その後，ユニバーシティ・カレッジ・ロンドンで 25 年あまりにわたって人類学を教えたあと，アメリカに渡って 11 年ほど教鞭をとった。

　ダグラスが人類学者として一躍，脚光を浴びるようになったのが，『汚穢と禁忌』だった。本書で展開した象徴論的な視点を発展させながら，ダグラスはその後も「経済」や「身体」など，さまざまなテーマについて議論を展開した。1989 年には英国学士院会員に選ばれ，1992 年に大英帝国三等勲爵士，2007 年に女性英国二等勲爵士を授与される。1920 年代に有名になったミードには大きく遅れるものの，イギリスでは最初に名を馳せた女性人類学者だった。

ダグラスの研究には，象徴論的／文化記号論的な視点が一貫している。『象徴としての身体』（原題『自然の象徴』）では，モースの問題意識——人間の身体がつねに社会のイメージとして扱われる——を引きつぎ，さまざまな社会経験を表現する媒体としての身体を考察の中心にすえている。ダグラスは「グリッド（格子）」と「グループ（集団）」という社会関係を統制する原理を提示する。グループは境界をもった社会単位を指し，グリッドは自己を中心として社会的範疇によってつくられた構造を意味する。たとえば，家族という単位にはグループとしての境界を強調する作用があり，性別や年齢にはグリッドとしての構造を示す作用がある。これらの作用は身体への社会的規制と密接に関わっている。多くの社会にみられる身体への規制やタブーは，共同体の境界を強化しようとする作用のあらわれでもある。一方，身体が社会的統制から自由になる状態，たとえば儀礼での恍惚（エクスタシー）や熱狂は，構造化作用の強いときには危険視され，それが弱い場合には高い価値が認められたり，意図的に求められたりする。

　こうした文化記号論的な視点は，同時代の日本で一世を風靡した文化人類学者，山口昌男（1931-2013）の著作とも共鳴している。ダグラスが秩序の側から無秩序をとらえたとしたら，山口は無秩序／周縁の側に重心をおいて，その創造的な可能性を描き出した。統制と自由，聖潔と汚穢，秩序と無秩序，聖と俗，中心と周縁。それらは，冷戦構造のイデオロギー対立が飽和状態を迎え，戦後の世界秩序がさまざまな綻びをみせるなか，それまでの主流の文化や体制に対する対抗的な運動が巻き起こった時代の重大なテーマだった。そしてまちがいなく，人類学の理論がもっとも脚光を浴びた時代でもある。

けがれ／禁忌の象徴論的解明

『汚穢と禁忌』の中心テーマとなったのが食物禁忌をめぐる問いである。ムスリムは，豚肉を汚らわしい動物としてけっして口にしない。日本人なら，犬や猫の肉を食べることを想像するだけで胸が悪くなるだろう。いったいなぜ，われわれはある食物を「食べてはいけない」と考えるのか？

ダグラスは，「聖 sacred」の語源であるラテン語 sacer には，「神々とのかかわりにおける禁制」の意味があったと述べる。そこには，「聖なるもの」を隔離しなければならない，という思想がある。フレイザーは，「タブー」を不浄と神聖との「混同」ととらえ，それを原始的思考の特徴と考えていた。ダグラスは，このフレイザーの議論を批判し，不浄とされる「汚物」とは「場違いのもの」であり，一定の秩序ある諸関係とその秩序の侵犯が関係していると論じる。そして，「すべて厭うべきものは食べてはならない」ではじまる旧約聖書の食物タブーについて説明を試みる。

「食べてよい動物は次のとおりである。牛，羊，山羊，雄鹿，野山羊，羚羊，大かもしか，ガゼル。その他ひづめが分れ，完全に二つに割れており，しかも反すうするだけか，あるいは，ひづめが分れただけの動物は食べてはならない。らくだ，野兎，岩狸。これらは反すうするが，ひづめが分れていないから汚れたものである。いのしし。これはひづめが分れているが，反すうしないから汚れたものである。これらの動物の肉を食べてはならない。死骸に触れてはならない。水中の魚類のうち，ひれ，うろこのあるものはすべて食べてよい。しかし，ひれやうろこのないものは，一切食べてはならない。これは汚れたものである。……」（申命記第 14 章）。

従来の聖書解釈では，この食物禁忌は不合理で恣意的なものにす

ぎず，外観の悪さや衛生上の理由などいくつか異なる理由が関係していると考えられてきた。それに対し，ダグラスは聖書のなかの「あなたたちは聖なる者となりなさい。あなたたちの神，主であるわたしは聖なる者である」という文言に注目する。聖なる者になるには，異なった範疇の事物を混同してはいけない。食べてよいとされたのは，ひづめが分れて反すうする有蹄類だった。それは，いずれも牧畜民にふさわしい食物の典型である。ウサギやイワダヌキは，つねに歯を動かしていることから反すう動物と思われていたが，ひづめが分れていないから禁止され，ブタやラクダはひづめが分れているが反すうしないので，禁止された。これらは，みな基本的な範疇の境界線上に位置する動物を「穢れた動物」として禁止したのだ。それは裏を返せば，基本的な範疇の秩序と聖潔さを維持するために禁忌がある，ということになる。

　このように「汚穢」とは独立した事象ではない。むしろ，何らかの秩序ある体系のなかで，その逸脱として定義される相対的な観念なのだ。汚れや不浄は，ある体系を維持するために存在している。それは，未開人に限られたことではない。ダグラスは，身近な例をあげて説明する。靴は本来汚いものではないにもかかわらず，それを食卓の上に置くことは汚いと考えられる。また，上着をつけるべきところに下着をつけていれば不適切とされる。

　共同体には標準化された公的な価値がある。その価値に反するような異例な事象が生じたとき，それをどう扱うのか。そこに異例を「危険」とみなす社会的信念が生じた背景がある。つまり，それは個人の解釈と共同体の解釈の不一致を解消する過程で生み出されたのだ。異例なものを危険視することは，どちらが正当かといった問題を議論することなく棚上げすることでもある。ただし，この「異

例さ」という曖昧な象徴は、儀礼や神話において、ひとつの力として利用されることもある。秩序が制約のなかで一定の形式を保持するのに対し、無秩序は形式の破壊と形式の素材を提供し、あらたに形式そのものを創出する潜在能力をもっている。それが、秩序の創造を求めながらも、われわれが無秩序を否定し去ることをしない理由でもある。「我々は無秩序が現存の秩序を破壊することを認めながら、それが潜在的創造能力をもっていることも認識しているのだ。無秩序は危険と能力(ちから)の両者を象徴している」。

　ダグラスは、エヴァンズ＝プリチャードのヌエルなどの民族誌的事例を引きながら、祭祀や儀礼における無秩序が果たす役割を描き出す。「汚穢」は、危険でありタブー視されながらも、ときに大きな能力をもつ。その無秩序のもつ危険性と潜在性は、境界領域に位置する人びとにも向けられる。たとえば、レレ族では、出生前の胎児を他人に危険を与える気まぐれな悪意をもった存在として危険視する。女性は妊娠すると病人に近づかないようにする。さまざまな民族の成人儀式では、若者たちは別の場所に隔離されるなど、一時的に正式の構造から離れて境界領域に入ることを求められる。それは、旧き生から新しき生に生まれ変わる、再生の儀式なのだ。

　境界領域は危険であり、かつ潜在力をもつ。この「汚穢」の領域は、社会構造の輪郭が不明確なときには発生しない。構造をかたちづくる秩序があって、はじめて「場違いなもの」が定義される。境界領域としての「汚穢」は、社会の秩序ある体系をその逸脱した形式において表現し、操作する制度を生み出す。それは「観念構造自体に内在する能力であり、観念構造がみずからを守るための能力」でもある。穢れは、こうして秩序によって生み出され、秩序を維持するために利用されるのだ。

文化唯物論からの批判

　ダグラスの象徴論的な食物禁忌の分析に対して激しい批判を浴びせたのが，マーヴィン・ハリス（1927-2001）である。彼は，ボアズ以来の文化相対主義や文化の解釈学などが主流を占めてきたアメリカの人類学界において，「文化唯物論」という刺激的な議論を主張し，大論争を巻き起こしてきた。ハリスは，ダグラスの『汚穢と禁忌』とは真っ向から対立する説を展開する。

　ダグラスが，ブタが忌避される理由を古代ヘブライ人の動物分類での特異な地位から論じたのに対し，ハリスは，ブタが特異とされる理由を，ブタを特異とする分類体系に求めるのは同語反復(トートロジー)に過ぎない，と一蹴する。そして，古代イスラエルのブタについて，ハリスは歴史資料をもとに分析する。同地域では，かつてブタが供犠に使われていたという歴史的な証拠がある。紀元前2100年ごろまではずっと食用されており，今日でも北ガリラヤやレバノンの森林地帯ではブタが飼育されている。そもそもブタは，森や河岸，湿地のふちなどに棲む動物で，高温と直射日光には生理的に適していない。そして，反すう動物とは違い，草を食べて生活できない。つまり，ブタが最初に家畜化されたのは，山の斜面を森林が覆っていた時代だった。その後，急速な森林破壊が進み，紀元前5000年ごろから森林が激減する。これは，自然の飼料でブタを飼育できる地域が大幅に減少したことを意味する。ブタを飼うには，人為的に日陰をつくったり，穀物を与える必要性がでてきて，ブタの飼育コストが増大した。ハリスは，蛋白源として短期的なベネフィットはあるものの，長期的なコストの高さゆえに，ブタ食が宗教的に禁止されたのだと論じた。そう考えれば，エジプトやバビロニア人など周辺民族でもブタが禁止されていたことや，アジアなどの森林・温帯地域で

ブタ食文化が優勢であることも説明可能になる。

　忌避される食物は，好まれる食物よりも，コストに対するベネフィットが小さく，割に合わない。象徴的な意味や文化的な特徴は重要ではない。それを手に入れ，調理するのにどれくらいのコストがかかるのか，そのコストに比してどれほどの栄養価を摂取できるのか。そのコストとベネフィットは，社会の環境や技術，人口密度や手に入る蛋白源の制約など生態環境に応じて決まる。ハリスの歯切れのよい批判の言葉は鋭く，それだけに大きな議論となった。文化の象徴的・構造的理解と生物学的・経済学的理解の対立。それはミードやサーリンズなども巻き込み，アメリカの文化人類学でつねにくすぶりつづけてきた論争の火種でもあった。

メアリ・ダグラス（Marry Douglas, 1921-2007）
　イタリア，サン・レモ生まれ。邦訳された主著には『象徴としての身体』『儀礼としての消費』がある。

参考・関連文献
　M・ハリス『文化唯物論（上下）』（長島信弘，鈴木洋一訳，早川書房，1987年）
　M・ハリス『食と文化の謎』（板橋作美訳，岩波現代文庫，2001年）
　山口昌男『文化と両義性』（岩波現代文庫，2000年）

マーシャル・サーリンズ

『石器時代の経済学』
Stone Age Economics, 1972

山内昶訳,法政大学出版局,1984年

――未開経済の豊饒性――

現代アメリカ文化人類学の知性

　マーシャル・サーリンズは,現代のアメリカ文化人類学を代表する知性として,多くの影響力をもつ著作を発表し,数々の論争をくり広げてきた。『石器時代の経済学』も,未開経済についての観方を根底から覆す画期的な著作だった。

　サーリンズは,もともと社会文化の進化論をとなえたレスリー・ホワイト(1900-1975)や文化進化を生態への適応からとらえる文化生態学のジュリアン・スチュアード(1902-1972)のもとで人類学を学び,ポリネシアで社会進化に関わる実証的な研究を行っていた。1960年代には,ベトナム戦争への反戦運動など政治活動にも積極的で,戦費につながる政府への納税を拒否する運動にも署名している。1967年から69年にかけて,コレージュ・ド・フランスの社会人類学研究所で研究に従事し,レヴィ=ストロースやマルクス主義人類学者たちとの交流を深めたことを契機に,しだいに構造主義や文化記号論に傾倒していく。そして,構造主義とその不得手とする歴史とを架橋しようとした『歴史の島々』(1985)など,つねに斬新なテーマに挑み,議論を巻き起こしてきた。

『石器時代の経済学』も，経済人類学の分野で焦点となっていた形式主義－実体主義論争に大きな影響を与えた一冊だった。この論争は，近代経済学のミクロ経済学などの理論が，どの社会にも適応できる普遍的なものだとする形式主義と，それぞれの文化や社会によって伝統的なカテゴリーにねざした経済様式があるという実体主義とのあいだで展開された。この論争において，経済人類学の確立に重要な役割を果たしたのが，カール・ポラニー（1886-1964）である。ポラニーは，19世紀ヨーロッパで成立した自己調整的市場が，「社会関係から切り離された」歴史的にもきわめて特殊な形態であると論じ，実体主義的な視点にもとづく人類学的研究の重要性を示した。サーリンズは，この実体主義的な立場を全面的に支持し，緻密な資料の分析によってその有効性を論証しようとした。経済は，合理性や打算にねざした形式的な行動原理ではなく，政治や宗教ともかかわる文化のカテゴリーである。サーリンズは，この議論を未開経済についての定説を覆すことからはじめる。

原始の豊かな社会

旧石器時代，狩猟採集を営んでいた人類は，つねに飢餓の恐怖に怯え，食べ物をえるために働きつづけなければならなかった。そして技術と文明の発展によって，はじめて「豊かさ」を獲得した。サーリンズは，この常識を一変させる。狩猟採集社会の人類学的研究があきらかにしてきたのは，彼らが「あふれる豊かさ」のなかで生活しているという実態だった。食物をえるための平均労働時間は，1日3〜5時間ほど。物質的に貧しくみえるのは，物財が彼らの移動生活にとっての重荷だからだ。使用可能な資源を最大限利用するのではなく，むしろ過少利用している。たとえば，リチャード・リ

ー（1937-）が研究したドーブ・ブッシュマンは，少ない年間降水量にもかかわらず，「おどろくほど豊富な」食物資源に囲まれて生活していた。種類も量もあまりに豊富なので，栄養価の高いマンゲッティの実などは，「何百万もが，毎年，拾われることなく，地上で腐っていた」。彼らは新石器革命をなしえなかったのではなく，もっとひどく働かねばならないという理由で，拒絶してきたのだ。サーリンズは，多くの研究事例を紹介しながら，狩猟採集民の生活が，いかに余暇にみち，最低限の物財と最小限の労働で維持されているかを描く。その視点からみれば，人口の3分の1が飢えに苦しむ現代の世界こそが貧窮の時代ともいえる。「文化の進歩につれて，飢えの量は，相対的にも絶対的にも増大してきた」のだ。

　つづいて，サーリンズは過少生産性について論じる。労働力が過小使用され，テクノロジーは完全に利用されず，自然資源は全部とりつくされない。この未開経済の特徴を生産様式の点から考察する。人類学が蓄積してきた焼畑耕作民などの研究によると，広大な領域にその自然資源の収容力を大きく下回る人口しかいない。その農業システムの特徴は過小開発，過少生産であり，狩猟採集社会や牧畜社会とも共通する。多くの社会では，生涯にわたる就労期間が結婚や親族制度，性の分業などによって限定されている。つまり，文化的に労働力の動員期間が短縮され，利用可能な労働力が過小使用されているのだ。サーリンズは，とくに生産や労働力の配置と利用，経済目的の決定を担っている「世帯」に注目する。世帯にねざす家族制生産様式では，労働を強化して剰余を生み出すのではなく，生計が維持されるだけで満足してしまう。いいかえれば，使用するという目的に限定された使用価値のための生産システムなのだ。それは「できるだけ多く」という無限定な目標を設定し，交換と剰余の

ために生産する資本主義的な生産様式とは対極にある。

　サーリンズは、ロシアの農業経済学者であるチャヤーノフの規則をとりあげる。チャヤーノフは、帝政ロシア期の小農の調査をもとに、家族制生産集団では世帯の相対的な労働能力が大きいほど、成員が働かなくなるという事実を発見した。家族に豊富な労働力があっても、必要な生活水準を維持する以上の労働はなされない。この家族制経済にもとづく共同体は統合力が弱く、離散傾向にある。それが自然資源の過少利用にもつながる。しかし、政治的に統合されるにつれて、世帯経済はより大きな社会的大儀のために動員されるようになる。公共の経済原則が打ち立てられることで、生産性の増大がうながされるのだ。サーリンズの分析は、こうして未開経済から政治権力の発生へと展開する。首長は、共同体から受けとった世帯の剰余を共同体に再分配することで、信望と権力を手に入れる。しかし、世帯経済にもとづく首長の徴収権には親族制の道義にねざす限界があり、それをこえると高圧的とみなされる。そこに生産と政治体制の発展を抑制する要因があるのだ。

　後半では、モースの『贈与論』でとりあげられたマオリのハウの概念、そして贈与への返礼を義務づける互酬性（相互性）の概念が検討される。まず、モースの議論のもとになったマオリの賢者のテクストが分析される。サーリンズは、「ハウ」が「〜にもとづく儲け」といった意味であり、贈物から生じた収益を最初の贈り手に譲りわたすことがモラルとして要請されていたと考えた。その儲けを譲りわたさなければ、妖術師によって病気や死をもたらされる。つまり、モースが考えたように物財が「霊」として危険だから第三者に手渡されるのではなく、他人を犠牲にして利益をえる自由などない社会では、物財を手元にとどめ、その利潤を手放さないことが不

道徳とされているのだ。「儲け／産物」としてのハウは，多産性・豊饒性の原理でもある。そこでの「経済的なもの」は「社会的なもの」，「政治的なもの」，「宗教的なもの」と区別されずに同一の活動のなかに埋め込まれている。もともとモースは，交換を政治契約の一形態とみなしていた。未開社会において，戦争状態は，贈与にもとづく互酬性によって平和裡に代替される。あらゆる交換は，物資的な関係ではなく，政治的な和睦を担っていたのだ。

　未開共同体での交換の役割は，現代の産業社会の経済的フローとはまるで違う。サーリンズは，互酬性をギブ・アンド・テイクによる均衡的な交換ととらえる観方を否定し，それをスペクトルのような連続体として提起する。一方の極には，惜しみなく援助を与える「一般化された互酬性」があり，中間には直接的な等価物の交換を意味する「均衡のとれた互酬性」，他方の極には，損失無しにできるだけ多くを獲得しようとする「否定的互酬性」がある。一般化された互酬性は，近い親族など社会的距離の近い人のあいだに成り立ち，そこから距離が遠くなるにつれて，均衡のとれた互酬性から否定的互酬性へと至る。また，一般化された互酬性の原理は，集団内の位階やヒエラルキーの生成とも関連する。返済されていない贈与は，人びとのあいだに，少なくとも返報の義務が解消されるまで，永続的な関係や連帯性を生み出す。気前のよい人には尊敬が払われ，リーダー制の起動装置として作用する。均衡のとれた互酬性も，平和と同盟の契約を可能にする媒介手段となる。交換の社会・政治学ともいえそうなサーリンズの整序された類型は，その後の互酬性をめぐる人類学的議論の基礎となった。

もうひとつの論争──反社会生物学

サーリンズが関わったもうひとつの大きな論争に、社会生物学をめぐる議論がある。人間を含む動物の行動が環境と遺伝子によって決定されると主張した社会生物学の発展は、ボアズやミード以来の文化相対主義や文化決定論的な議論を展開してきた人類学への脅威となっていた。サーリンズは、『生物学の利用と悪用』（1976）を著わし、人類学者としての立場から社会生物学への反論を展開した。社会生物学が提示する自然選択を社会行動まで拡大する論理には、競争的な市場での淘汰といった経済学が前提とする社会像が通底している。サーリンズは、社会生物学と経済学との類似を指摘した上で、人類学的な知見から、いかに家族などの制度が文化的に多様性をもっているのか、環境への適応と遺伝子とに還元することができないかを主張し、人類学的観点の重要性を訴えている。育ちか生まれか、文化か自然か。このテーマは、ミードとフリーマン、ダグラスとハリスなど、人類学がくり返し直面している問いでもある。

マーシャル・サーリンズ（Marshall Sahlins, 1930-2021）

アメリカ・シカゴ生まれ。その他の邦訳されている著書には、『進化と文化』（E・サーヴィスとの共編著）『部族民』『人類学と文化記号論』『歴史の島々』がある。

参考・関連文献

K・ポラニー『人間の経済Ⅰ・Ⅱ』（栗本慎一郎、玉野井芳郎訳、岩波モダンクラシックス、2005年）

M. Sahlins, *The Use and Abuse of Biology: An Anthropological Critique of Sociobiology*, The University of Michigan Press, 1976.

グレゴリー・ベイトソン

『精神の生態学』
Steps to An Ecology of Mind, 1972/1999

佐藤良明訳, 新思索社, 改訂第2版, 2000年

――生態システムに内在する〈精神〉――

孤高の思索家

　人類学の領域をはるかに超えるスケールの大きな著作を発表し, 現在も多くの最先端の学問分野に示唆を与えつづけているグレゴリー・ベイトソン。その思索のエッセンスが詰まった代表作が『精神の生態学』である。

　遺伝学者のウィリアム・ベイトソンの三男として生まれた彼の人生は, きわめてユニークだ。大学では自然科学を専攻し, 父との連名で鳥の羽のパターンの対称性についての論文を書いている。後年も, 精神病患者の研究に従事したり, タコやイルカの飼育観察をするなど, つねに自然科学と人文科学の垣根を軽やかに飛び越える研究者だった。修士過程で人類学を学び, 1927年から29年にかけてニューブリテン島とニューギニア島でフィールドワークを行う（その成果が1936年刊行の民族誌『ナヴェン』）。31年から33年まで再びニューギニアに滞在していたとき, 当時, 夫婦で調査を行っていたミードと出会い, 36年に結婚。『精神の生態学』にも登場する娘メアリー・キャサリンをもうける。ふたりはバリ島でも調査を行い, ベイトソンはトランスと舞踏の映画撮影に没頭。膨大な映像と写真

を撮影し，ミードとの共著で『バリ島人の性格』(1942) を出版。彼らの映像資料にもとづく分析は画期的な手法だった。戦後は，いくつもの財団や政府から資金をえて研究を進めるかたわら，客員講師として大学で講義したり，10年以上にわたって「民族学者」の肩書きでカリフォルニア州の退役軍人病院に籍をおきながら自由に研究に従事するなど，さまざまな遍歴をつづける。キャサリンは，本書の序文で，そんな彼の人生を「収入的にも苦しいもの」で，「長い間，孤独と落胆の旅であった」とつづっている。

ベイトソンが大学に定職をえたのは70歳になる目前だった。1976年にカリフォルニア大学の評議員となった彼は，教育方針委員会の席上で「現在の教育が，学生にまがいものを摑ませる一種の"詐欺"である」と発言する。その発言の意図を説明するために評議会で回覧したメモ「時の関節が外れている」が『精神と自然』(1979) の補遺に収められている。彼は，精神と物質とを分離するデカルト的二元論などにもとづく大学の時代遅れの教育が「貪欲と怪物的異常成長と戦争と専制と汚染とに通じていくことは明らか」と断罪し，精神と自然とのつながりを探究してきたベイトソンならではの主張を展開する。自然社会では，個体のこうむる変化がそのまま遺伝的コードを左右することが禁じられる一方で，自然選択のなかで個体群全体として緩やかな変化をとげる。しかし，大学という場では，長期的な生存のチェックがないまま，新奇なものを不可逆的に組み入れたり，頑冥な保守主義の抵抗によって真に必要な変革が阻止されることもある。ベイトソンは，大学教育の方向性を急進派と保守派の権力抗争にゆだねるのではなく，より広い視野から時代に合致したシステムをつくる必要性を熱く語る。その言葉には，生涯一貫して探究の旅をつづけてきた思索家の思いが漲っている。

精神と自然のサイバネティックス理論

　35年以上におよぶベイトソンの論考を一冊におさめた『精神の生態学』。邦訳本で厚さ4センチもある浩瀚な本だが，とっつきにくさはない。序章では，彼が退役軍人病院で精神科の実習生に授業をしていたときのエピソードがつづられる。ベイトソンがいろんなテーマで講義をすると，きまって数回の授業のあとに「この授業はいったい何なのですか？」と疑問の声があがる。「ベイトソンの話にはいつも先があるんだが，それが何だか言わないんだ」という不満も耳にする。そんな学生に彼はなんとか自分の考えを説明しようとする。その姿勢は，彼の思索の道そのものだ。第一篇におかれた架空の娘とのメタローグ（議論の構造が内容を映し出す会話）では，執拗に「なぜ？」「どうして？」と食い下がり，「パパの言うことって理解できない」などと不満をもらす娘との対話形式からベイトソンの思考がわかる仕掛けになっている。ベイトソンにとって学問とは，権威のためではなく，素朴な疑問を投げかける学生や子どもの問いに答えるためのものだった。『精神の生態学』の論考も，最初から「先の何か」が見通せる文章ではない。だが，ひとつひとつ読み進めていくうちに，ベイトソン自身の思考がしだいに体系だち，深まっていくのが手にとるようにわかる。その一部を紹介しよう。

　ベイトソンの議論のなかでも有名なのが「ダブルバインド」の理論だ。第三篇に収められた「精神分裂症の理論化に向けて」（1956）は，いまだ原因や治療法が解明されていない精神分裂症（統合失調症）について，コミュニケーションのダブルバインド状況の分析から理論化した画期的な論考だ。哺乳動物にも観察される「遊び」のモードでは，「オマエラ咬ムゾ」というメッセージよりも上位に「本気ジャナイ」というシグナルが位置する。人間はこのシグナル

の伝達を姿勢や身振り、表情、声の抑揚、文脈など非言語的な媒体によって行う。ベイトソンは、精神分裂病患者の多くが、このコミュニケーション・モードを識別できない点に注目する。患者は、他人から受けとるメッセージ、自分が発する言語的・非言語的メッセージ、自分の思考・感覚・知覚に、適正なコミュニケーション・モードを振りあてられず、比喩と事実を混同したりする。

　ベイトソンは、こうした症状を育む原因が家庭状況にあると仮説を立てた。とくに重視したのは、母子間のダブルバインド状況だ。たとえば母親の敵意に満ちた子どもを遠ざける行動に、子どもがそのまま反応すると、母親は自分が子どもを避けていることを否定する愛情表現にでる。つまり、下位の敵意のメッセージとそれを否定する上位の愛のメッセージが同時に発せられる。子どもは母親との関係を維持するために上位のメッセージの理解をゆがめる必要性に迫られる。このベイトソンの議論は大きな波紋を呼んだ。患者をもつ家族からも、症状を遺伝や脳の問題として考える科学者からも痛烈な批判を浴び、現在は主流の理解としては退けられている。しかし、コミュニケーションについての重要な問いを提起していることは間違いない。

　もうひとつベイトソンを理解するために欠かせないのが「サイバネティックス」の理論だ。「サイバネティックスの説明法」(1967)をみてみよう。サイバネティックスは、つねに否定的な表現で説明される。他に起こりうる可能性のなかから、なぜ他の選択肢が消えて、残ったひとつが実現したのか。進化における自然選択がよい例だ。そこにランダムではない出来事の連鎖があれば、「拘束」が働いていることになる。さまざまな拘束が複合して、起こるべき出来事をひとつに絞る。サイバネティックスの中心的な原理であるフィ

ードバックは、この「拘束」を通して作用する。サイバネティックス理論は、現象界全体を因果関係とエネルギー授受関係のネットワークとして想起する。そこで原因と結果の連鎖が複雑に分岐し、相互に結合するときに拘束としてのフィードバックが作用するのだ。

では、そのネットワークを流れる「情報」(それをベイトソンは「差異をうむ差異」と定義する)はどこにあるのか。「白い紙と黒いコーヒーとの対照 (コントラスト)」といったとき、この「対照」はふたつの物の間にも、物体と目との間にもない。観察者の頭のなかにあるのは、両者の対照のイメージ・変換形・名前があるだけで、「対照」という「情報」の所在は特定できない。あるいは「わたしに木が見える」とも言えない。サイバネティックな説明体系に「木」は入り込めないからだ。「見る」ことができるのは、木が複雑で体系的な変換プロセスを通過した後の「イメージ」でしかない。このイメージにエネルギーを供給しているのは「わたし」の代謝作用であり、そのイメージがとる姿の決定には神経回路のなかのさまざまな要因が関与している。神経回路の拘束と木からくる拘束に従って「イメージ」が生成される。それ以外は「ノイズ」でしかない。しかし、このノイズこそが新しいパターンの唯一の発生源でもある。

「形式、実体、差異」(1970)では、さらにサイバネティックスの理論が体系づけられる。「精神」とは何か。それは理解・説明しようとする現象ごとに変化する。精神をかたちづくる「メッセージ」は身体の内側に限定されない。皮膚の外側の経路と伝達されるメッセージがひとつのメンタル・システムを構成する。たとえば、木と斧と人間がつくるシステムを考えてみよう。人が斧で木の側面に切れ目を入れる。このとき木の側面に生じる差異は、網膜上の違いとして中枢神経における差異に変換され、遠心性神経に生じる差異、

筋肉の動きの差異，斧の動きの差異，斧があらたに木につくる差異へと連鎖していく。このサーキット全体の動きをとらえようとするのが，サイバネティックスの視座である。サーキットをめぐるメッセージが「精神」の単純なユニットとなる。このとき「わたし」という精神システムの境界はどこにあるのか。たとえば，盲人の杖を想像するとき，一体どこからが「わたし」なのか。杖は差異が変換されながら伝わる道筋のひとつを構成する。そこには道と杖と人とがつくるサイクルとしての精神システムがある（盲人が腰を下ろして弁当を食べ始めれば，道・杖・人とそれらがもたらす差異のメッセージはシステムであることをやめる）。

　では，生物が進化するとき，いったい何が進化するのか。ベイトソンのサイバネティックスの理論は，複数のレベルで外側に伸びる情報経路をまるごと含めてとらえる。このとき「精神」のユニットと進化における生存のユニットは同じになる。「精神」は，生物の大きな生態システムに内在し，進化構造の全体をなす。そこでの「生存」の意味は根本的に変わる。

　「観念」は，個人の肉体の死をこえてさらに変換され書物や芸術作品として世界をめぐりながら生きつづける。宗教における「神」は，広大な〈精神〉の社会システムとエコロジー全体となる。「わたし」は，内外の経路がより合わさってつくられる大きな精神の一部に過ぎない。それは謙虚な世界観となる。現代では，精神が「自己」に完結され，「環境」や「他者」は倫理的な配慮の必要がない外部として認識される。その世界認識をベイトソンは鋭く批判する。読者は，ベイトソンとともに歩みながら，その壮大な思索の宇宙に誘われていく。

科学／学問の最先端へ

　科学史家のモリス・バーマンは,「おそらく後生の歴史家たちは,ベイトソンを二十世紀最大の思想家として見るようになるだろう」と絶賛する（『デカルトからベイトソンへ』）。バーマンは,ベイトソンの思想に近代科学の行き詰まりを乗り越えるあらたな認識論の可能性を読み解いている。「全体論に立った分析は,すべての循環を悪循環として退けるのではない視座を提供してくれる。いま我々が陥っている悪循環から抜け出る道を指し示すことも,あるいは可能なのである。ベイトソンが我々にもたらしたのは,まさにそのような,非デカルト的方法による科学的思考の足がかりだった」。このあらたな科学的思考は,認知科学や臨床心理学,情報科学などの最新の研究にも大きな示唆を与えつづけている。現代の科学／学問は,ベイトソンの思想に未来への希望の手がかりを見出そうとしている。

グレゴリー・ベイトソン（Gregory Bateson, 1904-1980）
　イギリス・グランチェスター生まれ。邦訳されているその他の著書には,『天使の恐れ』『精神のコミュニケーション』（J・ロイシュとの共著）『精神と自然』がある。

参考・関連文献
- M・バーマン『デカルトからベイトソンへ　世界の再魔術化』（柴田元幸訳,国文社,1987年）
- G・ベイトソン,M・ミード『バリ島人の性格　写真による分析』（外山昇訳,国文社,2001年）
- M・C・ベイトソン『娘の眼から』（佐藤良明,保坂嘉恵美訳,国文社,1993年）

ピエール・ブルデュ

『実践感覚』
Le Sens Pratique, 1980

今村仁司, 港道隆訳, みすず書房, 1988年

── 実践／慣習的行動の理論 ──

前資本主義のエートス

　フランスを代表する社会学者として名高いピエール・ブルデュは, そのキャリアを民族学者としての調査からはじめた。『実践感覚』では, その民族誌的研究をもとにレヴィ＝ストロースの構造主義を乗り越える理論の体系化が試みられた。

　ブルデュは, スペイン国境に近いピレネー山地のベアルン地方に生まれた。パリの高等師範学校で哲学を学び, 教授資格を取得後, 1958年から60年までアルジェリア大学で講師を務めた。それはフランスからの独立を求めるアルジェリア戦争のまっただなかだった。サルトルをはじめフランスの知識人は, アルジェリア問題について激しい論争をくり広げていた。ブルデュは, 論争にはくわわらず, アルジェリアで何が起きているのか経験的な研究から確かめようとした。武力衝突による混乱のさなか, 彼は労働者階級へのインタビュー調査やベルベル系のカビール人の民族学的調査をはじめる。その成果のエッセンスは,『アルジェリア60』(1977)(邦題『資本主義のハビトゥス』)にまとめられている。

　ブルデュは, カビール農民の前資本主義的エートスをおもに「時

間」や「計算」についての性向に注目して描き出していく。資本主義の計算の精神は，予見可能な未来の目的にそった利潤の量的評価にもとづいている。一方，カビールの儀礼的交換は，名誉にかかわる平等主義にねざす。富の獲得は，けっして明示的な経済活動の目的としては認められないし，計算の存在が顕在化されることはない。しばしば仕事は共同で行われ，供食によって終えられる。それぞれの労働時間や利得が計算されることはない。贈与の交換は寛大になされ，その背後にある私的な利害関心の存在は覆い隠される。人びとは，経済を経済法則に支配されたシステムとしては提示せず，打算，競争，対抗，搾取といった目的を認めようとしないのだ。ブルデュは，そうした前資本主義的なエートスをもつ人びとが資本主義の計算にねざした時間感覚にさらされると，どのような変化が生じるかを論じる。変化の受容は個々人によって異なり，変化に対応できる人びとと対応できない農民や都市労働者が生まれる。それがプロレタリアートのなかのさらなる階級分化を引き起こすのだ。

　ブルデュは，この民族誌的調査をふまえて，独創的な理論を構想していく。まず 1972 年の『実践の理論粗描』でカビールの事例分析をもとに「実践」をめぐる理論を提示し，さらに 1977 年の英語版では翻訳の範囲を超える大幅な修正を施して理論を練りあげている。『実践感覚』は，これらをさらに発展させ，実践理論の体系化を成し遂げたブルデュ理論の集大成でもある。

ポスト構造主義理論としての実践／ハビトゥス

　『実践感覚』の「実践 pratique」には独特の意味がある。それは，日常のなかで何気なく行われる「慣習的行動」という意味で，「自由な行為としての実践 praxis」とは区別される。この慣習的行動

は，生業や儀礼，親族関係や交換など，まさに人類学者が日常生活を参与観察するなかで注目してきた事象そのものである。『実践感覚』が人類学理論の深化に貢献した理由はそこにある。

　序文で，ブルデュは独立闘争期のアルジェアでの研究をふりかえる。当時，フランスでは，決然と政治に関与するサルトルに代表される姿勢に対し，政治から距離をおくレヴィ＝ストロースの仕事は対極をなしていた。ブルデュにとってアルジェリアは，植民地主義への闘争という実践的志向と経験的な分析という科学的思考との両立を試みる場だった。ブルデュはレヴィ＝ストロースの神話分析がもたらした衝撃を「科学的ヒューマニズムの模範的成就」と評価する一方で，その対象から距離をおく姿勢への疑念を示す。カビールの儀礼や時間・空間の構造分析を進めると，さまざまな両義性や矛盾がたえず立ち現れる。構造主義者が想定する要素間の関係という首尾一貫した説明枠組みは，現実と乖離している。「構造」はあくまでも実践の論理的モデルであって，実践の現実的原理にはなりえないのだ。

　ブルデュは，儀礼などの実践の形態が構造主義のみいだすような記号作用から生じるものではなく，ある「戦略」の一次元であると指摘する。たとえば，結婚儀礼は，象徴的行為ではなく，物質的・象徴的利潤の極大化をめざす社会的戦略の一部である。そこでの名誉ある行為は，規則の遵守や価値への服従の産物ではなく，威信や信用といった象徴資本の多少なりとも自覚的な追求の産物なのだ。

　こうした観点を，ブルデュは1960年に出身地のベアルン地方の村で行った調査を機に自覚するようになった。親族の現実的関係は，系譜的モデルによって定義されるわけではない。系譜的距離が等しい限り，それぞれの利害関心に応じて「親族」になる。みずからの

出身地での調査をとおして，ブルデュは民族学者が対象とのあいだにあえて距離をおいてきたことに気づく。カビール人と同様に，（ブルデュを含む）ベアルンの人びとも，日常的思考は慣習的／実践的な思考によって導かれている。民族学者は，その実践をひそかに解釈者の言説がつくりだす記号学的なレトリックに還元する。それは対象を客観化して距離を維持することで，自分たちが対象化されるのを拒否しているのだ。その自民族中心主義から免れるためには，「実践」の理論を構築しなければならない。それは，暗黙の実践的／慣習的な思考を真正な思考として認めることからはじまる。

ブルデュは，こうしてレヴィ=ストロースの構造主義に代表される客観主義を「ハビトゥス」という概念から乗り越えようとする。「ハビトゥス」は，モースが身体技法を論じるときに用いた概念でもある。ブルデュによれば，それは持続性をもちながらも可変性のある身体に刻まれた心的傾向のシステムであると同時に，実践と表象をつくりだす原理として機能する「構造化する構造」である。客観主義が構造を個人と集団の歴史の外ですでに構成された実在ととらえるのに対し，ブルデュのハビトゥスは，個人と集団の相互作用のなかで構造化され，構造化していくダイナミックなプロセスを射程に入れる。それは，行為者の合理的な主体を想定する主観主義とも，行為者の外部にすべての決定をゆだねる客観主義とも異なる地平を目指す試みだった。つまり，ブルデュの使う「戦略」は，たんに主体的／利己的な行為を意味しているわけではない。行為者にとっては自分の目的のための戦略も，その戦略を生み出す客観的構造の再生産に寄与している。経済学理論の誤りは，経済学の法則を実践の普遍的な規範に変え，本来は特殊な経済条件の産物でしかない合理性という心的傾向を出発点にすえたことにあった。行為は，そ

第2部 人類学理論の深化

の社会における生産と再生産のために方向づけられると同時に，行為者たちの心的傾向のなかで象徴的実践としての存在理由をもつ。

　こうしてブルデュは，有名な贈与交換の分析へと進む。ここでもブルデュは，レヴィ＝ストロース批判を展開する。レヴィ＝ストロースは，土着の理論から手を切り，すべてを互酬性の循環モデルという単一命題へと還元することで行為者を自分たちの知らない目的に向かって突き動かされる機械的法則の歯車にした。カビールの贈与交換は，単一の帰結ではなく，不確実性ゆえに社会的効果をもつような実践である。そこでは名誉の平等原則が実践を方向づけている。名誉交換としての贈与は，劣位者に向けられれば面目を失い，優位者に挑戦すれば軽蔑されることにもなる。外部からの事後的な理解では互酬循環にみえる一連の行為も，機械的連鎖に沿っているどころか，そのつど中断されたり，間違いを犯したりするおそれがあり，応答のないまま放置されて最初の意図を遡って奪われるかもしれない。そこで重要な要素としてブルデュが提起したのが「時間の働き」である。贈与と対抗贈与を分け隔てる時間によって，交換の意味が変わる。その間隔は，短すぎても長すぎてもいけない。娘を嫁に求められると，断るのであればできるだけ早く答えなければ，求婚者への侮辱の表現となる。逆に返答を延ばせば，懇請される優位な立場を維持できるが，同意を与えた瞬間，その優位は失われる。時間をうまく使いこなすことがイニシアティブをとるための戦略となる。いいかえれば，行為のテンポを操作することによって，さまざまな戦略を自由に働かせる余地が生じる。ブルデュは，こうして人びとの実践の論理にねざした理論構築を試みる。

　前資本主義社会の贈与交換をめぐる戦略は，狭義の経済資本が前提とする利潤の獲得を直接的に目指しているわけではない。むしろ，

経済的利害を隠蔽し，公的に承認され，感謝さえされるような名誉や信用という象徴資本の蓄積へと向かう。この象徴資本は，市場でも通用する価値をもち，物質的利益へと転換されうる。象徴資本を蓄積し，守ろうとする利害関心は，幼年時の教育からたたき込まれ，その後の経験のなかで強化されていく。この心的傾向にねざしたある種の「錯認」が社会的現実となり，象徴資本の蓄積による支配関係が公然と正当化される。経済原則からみれば不条理にみえる蕩尽や浪費も，権力がみずからを知らしめ承認させる表現となる。資本主義社会でも，支配者は，表面的には経済性や搾取の論理とは無縁の文化の領域に信用資本を見出す。こうして資本の分配は，象徴的闘争の様相を呈する。それは，称号や資格，序列といった特定のクラス分けにもとづく分配方法を変更することに利益をもつ者と，そのカテゴリーを適用して社会的分類を自然なものと誤認させることに利益がある者との闘争である。分配の根本にあるこの闘争は，希少な財の所有をめぐる闘争であり，同時に分配が表明している力関係の表象をめぐる闘争である。

　ブルデュは，前半でこうした理論的な枠組みを示したうえで，後半でベアルン地方やカビールの民族誌的事例の分析へと進む。その分析は，あくまで実践的論理のなかにとどまり，システム的な論理モデルが部分的で柔軟性にみちていることを描き出すものだった。

現代人類学のなかのブルデュ

　経済実践に関する重要文献となった論集『モノの社会生活』(1986)の序文「商品と価値の政治学」で，アルジュン・アパデュライはブルデュの『実践感覚』の議論をとりいれ，モノ研究の新たな地平を切り拓いた。従来の人類学は，贈与交換における互酬性や

社会性が,商品循環の利益志向で自己中心的な計算高い精神と対立すると考えてきた。アパデュライは,ブルデュが提起した象徴的闘争としての贈与交換の議論をふまえて,贈与交換と商品循環とに共有された性質があり,モノは複数の「価値の体制」のあいだを行き来すると論じた。モノは「価値の体制」をめぐる闘争としての「価値の政治学」のなかにある。このアパデュライの議論は,同論集に収められたイゴール・コピトフ(1930-2013)の論文「モノの文化的履歴 プロセスとしての商品化」とともに,多くの研究で引用され,新世代の経済人類学の足場となった。

　ブルデュからアパデュライに引き継がれた贈与交換／商品交換のとらえ方には,共通した前提がある。その前提を「経済主義の再来」と痛烈に批判したのが,デイビッド・グレーバーだった。ブルデュの提起した実践をめぐる議論は,人類学の古典的テーマをさらに問われるべき現代的な課題へと再生させたといえる。

ピエール・ブルデュ(Pierre Bourdieu, 1930-2002)
　フランス・ダンカン生まれ。1964年から社会科学高等研究学院の教授を勤めたあと,1981年からはコレージュ・ド・フランスの教授に就任する。これまで20以上の著作が邦訳されており,関連書や解説書も多い。

参考・関連文献
　P・ブルデュ『資本主義のハビトゥス　アルジェリアの矛盾』(原山哲訳,藤原書店,1993年)
　A. Appadurai ed., *The Social Life of Things: Commodities in Cultural Perspective*, Cambridge University Press, 1986.

モーリス・ゴドリエ

『観念と物質　思考・経済・社会』
L'idéel et le matériel; Pensée, économies, sociétés, 1984

山内昶訳，法政大学出版局，1986年

―― 支配と搾取の起源 ――

マルクス主義人類学／経済人類学の泰斗

　モーリス・ゴドリエの『観念と物質』は，膨大な人類学的研究の知見を駆使し，圧倒的なスケールで人類の歴史をマルクス主義の立場から理論化した迫力の一冊だ。

　ゴドリエは，パリの高等師範学校を卒業して哲学の教授資格をえたあと，経済学や人類学への興味を深めた。1963年にはコレージュ・ド・フランスのレヴィ＝ストロースのもとで，フランス初の経済人類学の講座を開講。1966年の『経済における合理性と非合理性』で経済人類学の旗手として注目を集める。その後，ニューギニアのバルヤ社会でフィールドワークを行い，1982年に発表した民族誌『グレートマンの生産』でアカデミー・フランセーズの賞を受賞するなど，まさにフランスを代表する人類学者となった。2001年にはフランスでもっとも優秀な科学者に与えられる国立科学センターの金メダルを授与されている。2010年には来日して，シンポジウムが開催された。

　同時代のフランスのマルクス主義人類学者であるモーリス・ブロック（1939- ）は，『マルクス主義と人類学』（1983）のなかで，ゴ

ドリエがマルクス主義のあたらしい理論的展望を開くことに貢献したと述べている。ゴドリエは、前資本主義社会に関するマルクスやエンゲルスの歴史観は限定的で、そこに戻るのではなく、むしろ人類学の知見と理論をもって、あらたなマルクス主義理論の確立を目指すべきだと考えた。さらに、互いに切り離されていたマルクス主義と構造人類学の結合を試み、レヴィ゠ストロースとマルクスの仕事に類似性があることも示唆している。『観念と物質』もこうしたゴドリエの志向を色濃く反映している。

支配と搾取を生む観念的・物質的土台

『観念と物質』の問いは明確だ。人間は、自然を転形するからこそ、ひとつの歴史をもつ。自然を転形し、自然との関係を転形する能力が、新しい社会形態を考案する人間のもっとも根源的な力だ。では、どのようにして、またどの程度まで、物質的現実が、新しい社会形態の生産過程に作用しているのか。

ただし、物質的なものと観念的なものの区別は容易ではない。人間が手をかけて生産／再生産した自然の部分（栽培植物や家畜、道具、武器、衣類など）を分析すると、自然と文化の境界、物質的なものと観念的なものとの区別が消失する。人間の活動や思考によって転形された自然の領分。それらは物質的であると同時に観念的な現実でもあり、自然への人間の意識的な働きかけにねざしている。ゴドリエが論じるのは、人間が考案した物質的または観念的な力と、人間の自然への働きかけの枠組、そしてその支えとなる社会関係が、どのような関係にあるのかということだ。それは、人間の物質的活動のなかに思考が積極的に介入していることをふまえて、生産力・生産関係（下部構造）と社会関係（上部構造）との関係づけの運動

を再検証することでもあった。

　具体的には,狩猟採集民のような平等主義社会から,なぜ「カスト」や階級による支配や搾取が生じたのかが問われる。ゴドリエは,そうした支配は,支配者による被支配者への暴力に基礎づけられるのではなく,むしろ被支配者の支配者への「同意」ないし「協同」にもとづいていると指摘する。この問いは,レヴィ＝ストロースが指摘した歴史のない「冷たい社会」から,発展という歴史に駆動される「熱い社会」がいかに出現したのかを問うことでもあった。

　ゴドリエは,膨大な人類学の研究をレビューして,物質的現実が,いかに人間の思考や社会システムの変化と関わっているのかを考察する。マルクスの中心的仮説は,社会の機能作用と進化の論理における「経済構造」の規定的役割を強調するものだった。しかし,それは,あらゆる非経済的な構造を社会の物質的下部構造の付帯現象にすることでも,社会の機能作用のなかで宗教や政治,親族の重要性しかみないことでもない。ゴドリエは,下部構造＝物質的,上部構造＝観念的といった単純な図式を否定する。非資本主義社会では,親族関係が下部構造の社会的生産関係として機能することもあれば,政治や宗教がその役割を演じることもあるのだ。

　たとえば,スペイン征服以前のインカでは,宗教が経済的・政治的関係を構成していた。インカ王が超自然な霊感をもっているという,被支配農民層にも支配階級にも分有された信念が,従属と支配の主要源泉だった。再生産と繁栄のために,個人も共同体も労働や生産物を王に（象徴的,想像的に）提供する義務があると感じていた。宗教にもとづく従属が,生産手段や社会的富への不平等な介入を基礎づけ,正当化し,さらにこの種の情報が,社会システムを維持したり,転形したりする個人や集団の力となった。

こうした事例を分析したうえで，ゴドリエは，文化唯物論を提唱したマーヴィン・ハリスを「粗雑な唯物論」として批判する。ハリスは社会関係をすべて経済関係の付帯現象に格下げし，経済関係を自然環境への適応技術全体に還元する。それでは，なぜ親族関係や政治‐宗教関係が支配的になるのか，分析できない。ゴドリエは，マルクスが提起した次のような仮説を提示する。自然の領有過程の物質的条件と社会的条件のあいだには，その発展の一定期間，対応関係が存在するが，これらが発展していくと，生産関係の矛盾が拡がり，長期的には対応関係が風化して人間と自然とのあらたな関係にもとづいた社会への移行が起きる。

社会システムや自然生態システムは，完全に統合された全体ではない。それは構造を構成する要素間の関係が暫定的に安定した結果，統一されているに過ぎない。社会関係の固有性や，その生産・再生産条件のなかには，つねに矛盾が潜む。この矛盾は，社会関係の再生産の限界として，社会の進化に規定的に関わる。しかし，矛盾は単独では作動しない。進化が実現するのは，人びとが社会のなかで占める位置や利害を守るべく，能動的，意識的に介入するからこそ。歴史とは，この二つの論理——人間の意識的行動と意図も目的もない社会関係の作用という二つの力——の衝突の所産である。

人類学が対象としてきた多くの社会では，親族関係が自然の領有を規制してきた。親族関係が，西欧では社会の「経済構造」と呼ばれ，マルクス主義者が「社会的生産関係」と名づけるものとして機能していたのだ。では，こうした社会でいかにヒエラルキーが形成されるのか。ゴドリエは，もっとも平等主義的な狩猟採集社会でも，地域集団が儀礼を共同で行うために狩りをする点に注目する。この臨時の労働は，全個人，全集団に共通の利害を実現しようとするも

ので，自分たちや集団の再生産のための通常の労働とは区別される。そして，この共通の利害が特定の集団の利害に一体化すると，共通の利害のためだった労働が，全員の豊饒性や生命，正義を保証する手段を独占する少数者を賛美し，その差異を永続化する過剰労働へと変貌してしまう。この転形こそ，あたらしい生産関係をつくりだし，社会の変化を駆動する。もっとも劇的な変化は，自然の所有（自然を占有して使用する人びと）と自然の具体的領有（生産によって自然に直接的に働きかける人びと）との分離から生じる。資本主義生産様式の論理は，そこから労働の生産性を発展させ，そのコストを引き下げ，節約するようにたえず人びとに強制しながら，自然資源と生産者の知的・物質的生産力を浪費するのだ。

　ゴドリエは，こうして物質的・知的手段としての生産力／労働の支配へと目を向ける。多くの前資本主義社会には「労働」という表象はなかった。生産力／労働という社会的活動には，道具製作の規則や身体の姿勢，自然についての認識などを構成する観念が介在している。その社会活動を組織する観念が，親族関係や政治関係，宗教関係といったかたちで生産関係の機能を引き受ける。ゴドリエは，こうしてある社会関係が生産関係として機能するところに，社会の再生産を支配し，生産関係を組織し，表象をも支配する根源をみいだす。

　支配権力は，暴力と同意から構成される。とくに支配が被支配者へのサービスとしてあらわれることで，権力が正統化される。被支配者はサービスを支配者に返す義務を感じる。そうなるためには，支配者と被支配者が同一の表象を分有していなくてはならない。アテナイやローマの奴隷は，みずからの解放を訴えて闘争することなど思いも寄らなかった。社会のなかの矛盾が拡がってはじめてそう

した観念が生じたのだ。ヒエラルキーは社会の誰にも有利な正統なものとしてあらわれており、けっして想像的・幻想的なものではない。「身分」や「カスト」は、暴力の結果ではなく、万人にとっての利益として、同時にあらたな現実を解釈しようとする思考の努力や意志力の累積的な結合の結果として、誕生したのだ。

変化する世界の人類学

ゴドリエが、マルクス理論の正統進化として、人類史的な観点から前資本主義社会の人類学的研究の総合を試みたとしたら、マイケル・タウシッグ（1940- ）は、マルクスの議論をふまえながら、独自の視点で資本主義的世界の民族誌を著わした。彼の代表作『南米における悪魔と商品のフェティシズム』（1980）では、コロンビアやボリビアの農民たちがあらたに直面した資本主義的状況をどのように解釈し、生きているかが描き出された。人びとは、サトウキビのプランテーションやスズ鉱山での労働を邪悪な悪魔のイメージでとらえる。タウシッグは、農民たちの魔術的な解釈や実践が、商品それ自体が価値や力をもつという「商品のフェティシズム」と変わらないことを示して、資本主義批判につなげている。『文化批判としての人類学』（1986）でも、世界的な政治経済の動きを射程に入れた民族誌として高く評価された。

今日、人類学の営みも、それを取り巻く世界も、ますます変化の波にさらされるようになった。ゴドリエは、近著『人類学の再構築』（2007）のなかで、アメリカで巻き起こった人類学の「危機」の時代をへて、さらにグローバル化やテロの脅威がつづく今日の世界における人類学の役割を再検討している。グローバル化によって経済活動が統合される一方で、かつての政治経済の単位は暴力的な

分割・再分割を経験してきた。さらに，国際機関やNGOは多くの国や地域で国家に代わる教育や医療などの活動をとおして特定のイデオロギーや生の原則を持ち込んでいる。こうした変化のなかで，人類学は，つねに再構築をつづけてきた。ゴドリエは，批判と実験の時代も，そうした試みのひとつとして前向きにとらえる。それは「以前の発展段階ではもたなかった厳格さと批判的警戒をもって〔人類学が〕再構成されるために必要な通過点だった」。ただし，ことさらに脱構築だけを強調して人類学の科学的性格や合理的な知識の核を全否定したり，民族誌をナルシスティックな語りのうちに溶解させたり，理論化を拒否したりすべきではないと述べ，極端な懐疑主義や相対主義からは距離をおく。21世紀のあらたな世界においても，学問としての人類学の使命を堅持するゴドリエの言葉からは，人類学的な「知」への揺るぎない信念が伝わってくる。

モーリス・ゴドリエ（Maurice Godelier, 1934- ）
　フランス・カンブレ生まれ。現在，パリの社会科学高等研究院で教鞭をとる。邦訳されている主著には，『経済における合理性と非合理性』『人類学の地平と針路』『贈与の謎』『人類学の再構築』などがある。

参考・関連文献

- M・ブロック『マルクス主義と人類学』（山内昶，山内彰訳，法政大学出版局，1996年）
- M・ゴドリエ『人類学の再構築　人間社会とは何か』（竹沢尚一郎，桑原知子訳，明石書店，2011年）
- M. Taussig, *The Devil and Commodity Fetishism in South America*, University of North Carolina Press, 1980.

第3部

民族誌の名作

　人類学者の描く「民族誌」は，ある社会の客観的な記録ではない。記述の仕方には多様なアプローチがあり，そこにフィールドで人びとと対峙する人類学者の個性や経験の特異性がにじみでている。民族誌のあつかうテーマは，エキゾチックな社会集団の特異な文化から，都市や農村のふつうの家庭生活，貧困や飢餓という社会状況まで，大きな広がりをみせる。世界のあらゆる時間と空間に生きる人びとの姿が克明に，ときに美しく，ときに醜く，描き込まれる。それは読む者の姿を映し出す鏡でもある。民族誌の名作には，時代やアプローチの違いを超えて，われわれに異なる自分／世界のあり方について想像させる力がある。

エヴァンズ=プリチャード

『アザンデ人の世界　妖術・託宣・呪術』
Witchcraft, Oracles and Magic among Azande, 1937

向井元子訳，みすず書房，2001 年

——社会の文脈のなかで文化の意味を考察する——

イギリス社会人類学と構造機能主義

　エヴァンズ=プリチャードは，イギリスの社会人類学を代表する卓越した研究者として，歴史に残る民族誌の数々を発表してきた。『アザンデ人の世界』は，その名作のひとつである。

　彼は，オックスフォード大学で歴史学の修士号を取得したあと，人類学に興味をもち，ロンドン大学のスクール・オブ・エコノミクスに入学。セリグマンやマリノフスキーの指導を受ける。1926 年にスーダンのアザンデ族のもとでフィールドワークを行い，翌年，この調査をまとめて博士号を取得する。その後，すぐにロンドン大学の講師となり，アザンデでの再調査やヌエルでの現地調査にとりかかる。このヌエルの調査から，民族誌の古典として名高いヌエル 3 部作，『ヌアー族』(1940)，『ヌアー族の親族と結婚』(1951)，『ヌアー族の宗教』(1956) が生まれた。

　イギリスの人類学が「社会人類学」と称されるのには，由来がある。そこにはマリノフスキーと理論的に鋭く対立しながらも，ともにイギリスにおける人類学の発展を導いたラドクリフ=ブラウンの存在が大きい。彼らは，ともにデュルケムの社会学の視座——たん

なる個人の総和以上の諸制度が機能的に作用する「社会」を研究対象にする——に深く影響を受け，機能主義を推進してきた。しかし，マリノフスキーがしだいに個人の心理的次元や技術・シンボルなどを含む文化の問題に傾倒していったのに対し，ラドクリフ＝ブラウンは，デュルケムの議論に忠実に研究対象を「社会」に限定し，社会関係によって構成された社会の「構造」を分析する科学的手法を追究した。当初は，マリノフスキーに師事していたエヴァンズ＝プリチャードも，のちにラドクリフ＝ブラウンの構造機能主義の学説に追随するようになる。

　とくにエヴァンズ＝プリチャードが，マイヤー・フォーテス (1906-1983) とともに編集した『アフリカの伝統的政治体系』(1940) は，ラドクリフ＝ブラウン流の構造機能主義の色合いが強い。彼らは，そのなかでアフリカの社会を次の3つに分類した。①狩猟採集者からなる小規模で中央集権化が進んでいないバンド社会，②階層化をともなって比較的中央集権化が進んだ首長と王国による社会，③個人にもっとも身近な分節リニージ社会。彼らはとくに分節社会に注目し，リニージの上位にあるクラン，さらにその上の部族という複数のレヴェルに分節しながらも，状況に応じて各レヴェルの統合原理が働くことで安定的な社会が成り立っていることを指摘している。これが，エヴァンズ＝プリチャードが『ヌアー族』で描き出した分節的な政治体系のモデルでもあった。

　この政治体系の構造機能主義的な研究がエヴァンズ＝プリチャードのひとつの大きな柱だとしたら，もうひとつの柱は『アザンデ人の世界』や『ヌアー族の宗教』に代表されるような宗教／呪術に関する研究である。これらの仕事は，マリノフスキーやラドクリフ＝ブラウンの前の世代であるフレイザーの流れを汲みつつも，その射

程を大きく深化させるものだった。

妖術研究の射程

　フレイザーが世界各地の神話や呪術に関する話をあつめて普遍的な一般理論を導こうとしたのに対し，エヴァンズ゠プリチャードは，あくまでアザンデというひとつの社会のなかで，妖術や呪術がどのような文脈において作用し，どういう思考様式が認められるのか，詳細に記述することに専念した。

　まず彼は，意図しないで人に害を及ぼしてしまう妖術（witchcraft）と悪意をもって他者に災厄をもたらす邪術（sorcery）とを区別する。妖術が信じられている社会では，何らかの災いが起きると，妖術師による仕業が疑われる。たとえば，高床式の穀物倉庫で人が休憩しているとき，突然，屋根が倒れてきたとする。アザンデの人びとは，直接的な原因はシロアリによって柱が腐食していたことだったとしても，それがその人のいるときに倒れた理由にはならない，だから妖術が関わっている，と考える。

　同じように，死や病気も妖術によって引き起こされる。アザンデでは，妖術は妖術師の体内にある物質（妖物）から生じるもので，黒色の固まりないし袋のようなものだとされる（エヴァンズ゠プリチャードは，それを消化途中の小腸ではないかと推測する）。その妖物は，父から息子，母から娘へと遺伝する。そして，ふつうは眠っている夜間に妖術師の魂が肉体を離れて，犠牲者へと送りつけられる。エヴァンズ゠プリチャード自身も，ある晩に夜更かしをしていると，明るい光が小屋の裏からある男の家のほうに動くのを目撃する。そして，その日，じっさいに男の家に同居していた親類の老人が亡くなってしまう。読者は，こうして，アザンデの社会で妖術がまさに

リアルなものとして経験されている感覚を追体験する。

いったい死や病気などの災いをもたらした妖術師は誰なのか。アザンデでは、それを確かめるためにさまざまな技術が用いられる。そのひとつが託宣（oracle）である。音の出る板を使ったり、「毒」と鶏を用いたりして、被疑者が妖術師かどうかを確かめる。鶏に植物由来の液体を与えて、鶏が死ぬと、そのとき疑われた人物が妖術師とされる。アザンデ社会の託宣は、神格化されたものではない。自然の事物でありながら、人の話を理解し、物事を正確に判断できる。とくに毒託宣では、毒に正しい判断をしてもらうために、人びとが毒を汚染から守っている。毒が汚染されると託宣の結果が狂うからだ。なかでも王の毒託宣がもっとも汚染から隔離され、信用性が高いとされる。

「相談者のおもな義務は、出された質問を託宣に十分に理解させること、解決を求められている事柄にかかわるすべての事実を託宣に周知させることである。……相談者は、ずっと昔のはじまりから話を起こし、長いときの経過のあいだに起こった解決に役立つかもしれないすべての事実を列挙し、それらを筋道の通った一幅の絵に仕立てあげ、いろいろある議論を整理しつつ、事実と推論を綿密につなぎあわせて筋の通った論理を練り上げていく」。こうした記述からは、託宣というプロセス自体が、問題解決のための事実確認の作業のようにも思える。

エヴァンズ＝プリチャードは、妖術がアザンデ社会のなかで、合理的で論理的なものとして作用していることを巧みに示している。さらに、妖術は社会的統合にも貢献している。人びとの不満や葛藤によって社会の統合が脅かされるところを、特定の個人をスケープゴートにして秩序を維持しているのだ。それは、妖術師として告発

される人が，ふつう王などではなく，政治的に弱い立場の人びとが対象になっていることからもわかる。

このエヴァンズ＝プリチャードの丹念な仕事は，非論理的な未開の思考とされてきた呪術をめぐる現象が，その社会で必要とされる独自の合理性をそなえていることを示した。ただし彼は，同時に，アザンデにとっての合理性は，不可視で証明し得ない力への信仰にもとづく神秘的な知識であり，近代社会の論理と経験的手法にもとづく科学的知識とは区別されると考えていた。アザンデにとって合理的な事象の外側には，それが事実かどうかを実証しうる科学的知識が存在する。この合理性／知識の区別が，ひとつの論争を巻き起こした。

合理性論争の波紋

論争の口火を切ったのが，哲学者のピーター・ウィンチである。ウィンチは，エヴァンズ＝プリチャードがアザンデの妖術信仰をその社会の文脈にそって解釈した点を評価しつつも，彼が妖術信仰を科学的な客観的実在とは一致しないと考えていたことを批判する。たしかに，アザンデの信仰には矛盾が含まれるように思えるが，その「矛盾」はヨーロッパ的な思考様式の文脈で認められるにすぎない。そもそもアザンデにとって，託宣とは科学者が実証しようとするような「仮説」ではない。それは，彼らがいかに行為すべきかを決定する「方法」である。「妖術についてのアザンデ族の観念は，アザンデ族が擬似科学的に理解しようとして用いる理論体系を構成しているわけではない」（『倫理と行為』）。妖術のような信仰を「客観的」と称する立場から事実と一致しないとか，矛盾しているなどといえるのか。この議論は，まさにウィトゲンシュタインがフレイ

ザーに投げかけた批判とも重なる。

　何が実在であるかを規定する合理性の規準は，社会的実践の文脈から独立に意味をなすことはない。たとえ科学的に実在しているようにみえても，それは「科学」の言語や概念をじっさいに使用するなかで可能になっているにすぎない。「科学が事実であると明らかにしている」という表現が意味をなしうるのは，それに先だってある形式の実在性という概念が用意されているからだ。こうしたウィンチの主張は，ラドクリフ＝ブラウンらが追究してきた「社会」についての客観的で自然科学的な研究という立場を根底から否定するものだった（ウィンチの視点に近い立場から「科学」という営みそのものに研究の照準を合わせたのが，ラトゥールらの科学技術研究である）。

　ウィンチの主張は，激しい批判を浴び，特定の社会生活という文脈には依存しない「合理性の客観的規準は存在している」などと反論がなされた。もしそうでなければ，すべての社会現象が何の非合理性も矛盾も含まずに機能しているという極端な相対主義になってしまう。アザンデのような未開人の思考様式と近代人の合理性とは，どのような関係にあるのか。この問いに別の角度からあらたな光をあてたのが，レヴィ＝ストロースの『野生の思考』（1962）だった。

　スタンレイ・タンバイア（1929-2014）は，『呪術・科学・宗教』（1990）のなかで，合理性論争の歴史をふりかえり，ウィンチらの相対主義と，それを批判する単一論者の対立を調停しようと試みている。現実についての人間の普遍的な秩序づけの形式には，世界に対する感覚的，多元的，表象的な志向性がある一方で，合理性と結びつけられてきたような世界への指示的，情報的，「科学的」，論理的な志向性も存在している。タンバイアは，その両者はひとつの社会にどちらか一方しか存在しないようなものではなく，連続的に存

在しており，人間の普遍的経験と象徴化能力にねざしていると論じた。

エヴァンズ＝プリチャードの民族誌が議論の素材としてくり返しとりあげられてきたのも，彼の記述の緻密さやバランスのよさがあったからだ。それは，人類学の民族誌やその理論が哲学など他の隣接領域に大きな影響を与え，社会／文化人類学が大きな注目を集める時代の幕開けでもあった。

エドワード・エヴァン・エヴァンズ＝プリチャード（Edward Evan Evans-Pritchard, 1902-1973)

イギリス・サセックス生まれ。邦訳されている主著には，『ヌアー族』『ヌアー族の宗教』『ヌアー族の親族と結婚』『アフリカの伝統的政治体系』『社会人類学』『宗教人類学の基礎理論』などがある。

参考・関連文献

P・ウィンチ「未開社会の理解」『倫理と行為』(奥雅博，松本洋之訳，勁草書房，1987 年)

S・J・タンバイア『呪術・科学・宗教 人類学における「普遍」と「相対」』(多和田裕司訳，思文閣出版，1996 年)

エドマンド・リーチ

『高地ビルマの政治体系』
***Political Systems of Highland Burma*, 1954/1965**

関本照夫訳, 弘文堂, 1995 年

——文化形式の背後にある構造の解釈へ——

構造主義からの果敢な挑戦者

　レヴィ＝ストロースの構造主義に共感し，独自にその深化をはかったエドマンド・リーチ。このイギリスを代表する人類学者の古典的名著が『高地ビルマの政治体系』である。

　リーチは富裕な実業家の家に生まれた。ケンブリッジ大学では，数学や工学を学ぶ。1932 年に卒業したあと香港に拠点をもつ貿易会社に就職したが，ビジネスの雰囲気になじめず，4 年で退職。北京滞在中に，台湾の島で民族学調査があることを知って好奇心から参加を申し出たのが，人類学に転向するきっかけとなった。1937 年にイギリスに戻ったあと，リーチは台湾での調査ノートをファースに読んでもらい，マリノフスキーを紹介される。こうしてロンドン・スクール・オブ・エコノミクス（LSE）で人類学を学びはじめたリーチは，1939 年からビルマ（現ミャンマー）北部のカチンで調査を行う。すぐに第二次大戦が始まり，彼はビルマ軍に参加。日本の参戦後は，カチン族を主力としたゲリラ部隊を組織・指揮しながら調査を継続した。日本軍の進攻で大切なフィールド・ノートを失ってしまうものの，この地域での 7 年あまりの経験が時間的にも空

間的にもスケールの大きな本書の土台となっている。戦後除隊して1946年に本書のもととなる博士論文を完成させたあと，1948年にはファースのもとでLSEの講師になる。1953年にはケンブリッジ大学の講師となり，のちに同大学キングス・カレッジの学寮長も努めた。1979年の退官後には，その功績に対してナイトの称号を授与されている。まさにイギリス社会人類学の一時代を担った代表的研究者だ。しかし一方で，彼は果敢な挑戦者でもあった。

　リーチは，同時代のフランスで画期的な著作を発表していたレヴィ＝ストロースを強く意識していた。『人類学再考』(1961)の序文には，レヴィ＝ストロースがリーチの初期の論文「ジンポー族の親族名称」(1945)(同書所収)に示された「社会構造」の観方との一致点を認めていることにふれたうえで，「私のそれ以降のすべての著作はレヴィ＝ストロースに負うところが多い」とまで記している。こうした構造主義への傾倒は，イギリス社会人類学の伝統からの離反を意味した。1959年の第1回マリノフスキー記念講演では，社会の比較と分類に専念してきたラドクリフ＝ブラウンの追従者たちをチョウの蒐集家に過ぎないと実名をあげて痛烈に批判している。しかも，それはみな同じケンブリッジ大学に所属する先輩人類学者たちだった。

　リーチの議論には数学や工学を学んだ彼ならではの思考法が色濃くでている。「われわれのなすべきことは，社会で何が行われ，社会はどのように動いているかを理解し説明することである。一人のエンジニアがデジタル計算機の動作の仕組みを説明しようとする場合，彼は決して各種のナットやボルトを分類することに時間を費したりしないであろう。彼にとっては，原理だけが問題であり，ものではない。彼は自分の説明の論理をできる限り簡潔に数式として示

す——つまり，0+1=1；1+1=10といった形にして」。これは，レヴィ＝ストロースが神話やトーテムに登場する動植物などの「要素」ではなく，その要素間の「関係」に注目したことと重なる。リーチは言う。「私は決して人類学的問題を解くために数学を用いようとしているのではない。私がここでいいたいことは，数学的表現がもつ抽象性はそれ自体大変ためになる美徳をもっているということなのだ。いかに未熟なものであっても，人類学的事実を数学的言語へ翻訳することによって，実際あった事実と価値を負わされた概念とに過度に関わりあわないですむ。……私は人類学者にとって問題となるのは実際に起こる種類の構造的パターンだけであるといってよいと思う」。博士論文をもとにした初期の著作である『高地ビルマの政治体系』でも，すでにこの構造主義的な視点が貫かれている。

社会の均衡から動態の構造分析へ

『高地ビルマの政治体系』の序論で，リーチは，まず社会体系における連続性と変化について考察する。ふたつの社会が，どういう意味で違う社会構造をもつとか，本質的に同じだといえるのか。ラドクリフ＝ブラウン流の社会人類学は，ある社会がつねに安定した均衡を保っていることを前提にしてきた。では，均衡を保っていないような不安定な社会は記述できないのか。リーチは，次のように考える。「概念化された社会モデルは必然的に均衡体系モデルとなる。一方，現実の社会はけっして均衡をたもちえない」。「現実的状況のもとでの社会構造は，個人間，集団間の力の分布に関する一連の諸観念からなるものと，私は考える。諸個人がこの体系について否定的な，またときには矛盾した観念をもつことは，可能であり事実でもある」。

リーチが調査対象としたのは，カチン山地に住む人びとである。「社会」を自律的政治単位だとすると，カチン山地には，4世帯でも完全な独立を主張する村から，シャン族の王国まで大小さまざまな集団が存在する。歴史的にも，小さな政治単位が集合したり，細分化したりするなど，政治権力の分布がたえず姿を変えてきた。リーチは，それらの変化をたえず流転する大きな体系の一部として，構造的な変動を内包する一過程としてとらえようとする。そこでリーチが提示したのが有名な「振り子」のモデルである。

　カチンの政治体制には，ふたつの対立する生活様式理念がある。ひとつはシャン的な政治制度で封建的な階層制に類似した「独裁政治」の理念。もうひとつはグムラオ型という本質的に無政府主義的，平等主義的な「民主主義」の理念。すべてのカチンの地域社会は，いずれかの政治体系を状況に応じて選びとっている。つまり，カチンの地域社会は「政治組織の二つの極型のあいだを振り子のようにゆれうごいている」のだ。ただし現実には，多くの地域社会が「グムサ型」という体系に組織されていて，ほとんどの民族誌もそのように描いてきた。それは「グムラオ理念とシャン理念のあいだの一種の妥協の産物である」。ただし，グムサ型も静態的ではない。社会経済環境の影響などでシャン型に近づいたり，逆にグムラオ型に変化したりしている。現実にはグムサ型の政治構造も不安定で，グムラオとシャンという二つの対照のなかで，はじめてグムサ型構造の理解が可能になるのだ。

　こうした政治的な権力の体系を表現するものとしてリーチが注目するのが「儀礼」である。儀礼は「社会的個人としての個人の地位を，彼が現にそのなかにいる構造体系のうちに表現するのに役立つ」。人類学者の役割は，そのシンボリズムの解釈を試みることに

ある。特定の文化的脈絡におかれた儀礼は象徴のパターンをなす。ただし、その構造は文化的形式からは独立している。たとえカチン山地のように集団ごとの文化（言語・服装・信仰・儀礼過程など）に多様性があっても、それらはひとつの包括的な構造体系のなかの個別の象徴的ラベルにすぎない。リーチが解釈し、抽出しようとしたのは、表面的な文化形式の背後にある構造だった。「特定の構造がいかにして幾つもの異なった文化的装いをとりうるのか、また異なった構造がいかにしておなじ一連の文化象徴によって表わされうるのか」。この問いから、社会変動のメカニズムをあきらかにする。リーチは、これらの議論の枠組みを序論において明晰に提示している。

　では、社会体系に変動をもたらす「力」とは何か。そこには自然環境や政治環境、人間的要因といった変数が存在する。なかでもリーチは人間的要因を重視した。カチンをめぐる自然環境や政治環境の歴史的変遷を振り返ったうえで、こう述べる。「しかし、ここでもう一度、カチンの運命はけっしてこうした外部要因に規定されないということを強調しなければならない。……もっとも広い意味で言う環境は、選択が行われるコンテクストを創り出すが、選択は個人によってなされるものである。グムサ組織のグムラオ組織への瓦解は、ある個人、指導者、ないし革命家によって開始されなければならない」。グムサの地位の継承と相続の規則は矛盾に満ちている。本来、グムサの観念では地位の継承は末子相続にもとづいている。このとき、長子は父親の親類や支持者たちとともにあらたな領地を切り拓く。しかし、それは地域集団の絶えざる分裂を意味した。そこでカチンの首長が実際に権力を手にすると、グムサの原理を無視し、長子相続に近いシャンの継承規則にならうようになるのだ。

こうした社会の変動や異なる組織形態は，人びとの目にどう映るのか。リーチは，社会構造が儀礼のうちに「表示」されるとした。イギリス社会人類学の伝統では，神話や伝承とは儀礼行為を拘束する規範や典拠だった。とりわけマリノフスキー以来の機能主義の理論は，ひとつの社会集団が単一の文化や一貫した神話群をもつことを前提にしてきた。それは必然的に神話に「正しいもの」と「不正確なもの」という区別を導入する。リーチは，神話に矛盾や食い違いがあることこそ重要だと主張する。カチンの伝承には，だれもが認める「正伝」はない。登場人物や構造的シンボリズムを共有する物語は多いが，細部の重要な点は語り手の利害関心によって大きく変化する。たとえ人びとが一致して依拠する神話的な枠組みがあっても，そこに社会的結束や社会的均衡があるとは限らない。「神話と儀礼は記号言語であり，それをつうじて権利や地位の主張が表現される。だがまたそれは論争のための言語であって，調和を保って響きあう合唱ではない。儀礼が時に統合のメカニズムとなるというなら，また時には分裂のメカニズムともなるといわねばならない」。リーチは，こうして均衡理論を批判し，文化的に多様性をもち，変動する社会の構造を記述するという方向性を提示したのだ。

実証主義と論理主義の断絶をこえて

　リーチの大きな功績は，明晰な言葉で人類学のなかの立場の違いを浮き彫りし，それまで主流だった機能主義とあたらしくあらわれた構造主義との関係を論理的にあきらかにしたことにある。『文化とコミュニケーション』(1976)では，このふたつの立場を「実証主義／経験論」と「論理主義／観念論」として，オーケストラの演奏と楽譜の関係に喩えている。前者の実証主義は，もともとマリノ

フスキーとファースによって確立された機能主義の伝統から発展し，フレデリック・バースのトランザクション論へとつながる。彼らは人びとの対面的な相互行為の記録を重視し，その背後にある観念の構造は理論家の考える虚構として議論を避ける傾向にある。後者の論理主義は，レヴィ＝ストロースや後期のエヴァンズ＝プリチャードの著作に代表される。彼らは，客観的な事実そのものではなく，それに対応する観念に関心をもち，じっさいの行動より言語で表現されたことを重視する。実証主義者にとっての経済的な相互行為が，論理主義者にはコミュニケーションの行為となる。リーチは，そのふたつの立場を互いに相補的な関係にあるという。じっさいに『高地ビルマ』のように論理主義的な著作が多いものの，『プル・エリア』（1961）のように実証主義的な視点からの著作も書いている。神話分析の森に分け入ったレヴィ＝ストロースが徹底した観念論を追究したとすれば，リーチは経験論と観念論の強みをふまえながら独自の構造人類学を実践したといえるだろう。

エドマンド・ロナルド・リーチ（Edmund Ronald Leach, 1910-1989）
　イギリス・シドマス生まれ。邦訳されているその他の主著に『神話としての創世記』『聖書の構造分析』『社会人類学案内』『レヴィ＝ストロース』などがある。

参考・関連文献
　長島信弘 「訳者解説」『社会人類学案内』（岩波書店，1985 年）
　E・リーチ『人類学再考』（青木保，井上兼行訳，思索社，1974 年）
　E・リーチ『文化とコミュニケーション』（青木保，宮坂敬造訳，紀伊国屋書店，1981 年）

オスカー・ルイス

『貧困の文化 メキシコの〈五つの家族〉』
Five Families: Mexican Case in the Culture of Poverty, 1959

高山智博,染谷臣道,宮本勝訳,ちくま学芸文庫,2003年

——都市下層民の実像——

貧民は文化を共有する

　オスカー・ルイスは,徹底したフィールド調査にもとづいて,現代の都市やその周辺部に暮らす人びとの日常に迫る民族誌を著わした。その斬新なスタイルは,いまも多くの読者を魅了している。

　ルイスは,ニューヨーク市立大学で歴史学を学んだあと,コロンビア大学の大学院に進学する。しかし,しだいに視野の狭い歴史学に幻滅を覚えるようになる。その頃,ルース・ベネディクトと出会い,人類学に転向した。ところが,1940年にインディアンの文化変容に関する論文で博士号を取得するまでの研究生活は困難をきわめた。生活費を稼ぐため,タクシーの運転手から,ニューディール政策の一環として設立された雇用対策局の仕事まで,さまざまな仕事をしたという。

　1943年に米州インディアン協会の米国代表としてメキシコに赴き,農村開発のための調査に従事する。ルイスは,その調査に満足できず,メキシコ市にほど近いテポストランで村落調査を始めた。そこは1920年代にアメリカの人類学者ロバート・レッドフィールド(1897-1958)が民族誌的調査をした場所だった。ルイスは,時代

の急速な変化で、かつての調査が役に立たないことを痛感する。もともと彼は、文化内の行為や価値の均質性を前提とする文化理論には疑問を感じていた。レッドフィールドは、村落生活がいかに調和のとれた世界であるかを描いた。それに対し、ルイスは人びとがいかに困難を抱え、対立や葛藤に直面しているのかに目を向けた。

ルイスは、1948年にイリノイ大学で人類学部の設立にたずさわる一方、インドやプエルト・リコ、キューバ、ニューヨーク市などでも調査をはじめる。現代的な都市化の状況に注目し、あらたな人類学の領域を切り拓いていく。メキシコ市や周辺農村部での調査から、彼は都市のスラムに生きる人びとのあいだに文化的な共通性がみられることに気づく。それが「貧困の文化」だった。

「貧困の文化」という概念は、アメリカなど先進国の貧困問題を理解するうえで有効な視点として注目を集めた一方、多くの批判にもさらされた。おもな批判は、その概念が貧困の原因を貧しい人びとにおしつけている、というものだった。もともとマルクス主義の影響を受けたルイスにとって、批判は的はずれだったが、ルイス自身は理論的な論争には関心を示さず、その後も一貫した視点から著作を発表しつづけた。ルイスには、それまでの民族誌のように、都市の下層に生きる人たちの生活を調和のとれた何の変革も必要のない対象として描くことはできなかった。彼の主眼は、なにより都市下層民の実像を描きだし、世に問うことにあったのだ。

メキシコの5つの家族

『貧困の文化』では、最初に研究の背景が短く説明されたあと、順番に5つの家族の描写がつづく。ルイスは、まず人類学の伝統に疑問を投げかける。人類学者がもっぱら未開社会を研究してきた結

果，いまや多くのアメリカ人は，世界の大半を占めるインドやメキシコなど低開発国の住民よりも，わずかな人口のニューギニアの部族などについて知るようになった。そして未開社会の研究では，「貧困」がその生活様式の必然的な側面として（むしろ保護されるべき対象として）描かれてきた。ルイスは，近代国家の貧困は階級間の対立や社会問題を生じさせ，社会変革を必要としていると指摘する。貧困は，国民文化のなかに「貧困の文化」という下位文化を創出する。その下層階級の文化には，家族関係や消費行動，価値観，共同体意識などに共通性がある。

　ルイスは，貧民の文化を理解するためには，彼らと生活をともにし，言葉と習慣を学び，問題や希望を共有することが欠かせないと考えた。それが過去15年にわたってメキシコの家族を研究するときの姿勢だった。ルイスは「家族」をひとつのコミュニティとして調査し，黒澤明監督の映画にちなんだ「羅生門式」と呼ぶ手法で，家族が関心を示す問題や事件をひとりひとりの視点から描き出した。それは資料の信憑性を高めるとともに，家族の経験や思いのずれを効果的に示す手法だった。そして，家族の典型的な一日の生活を詳細に観察し，家族生活を秩序立てる一日の流れを描写することで，ルイスは「民族誌学的リアリズム」をもった歴史を記録しようとした。ルイスは，人びとの家で何百時間も過ごし，食卓をともにし，祭りやパーティーに参加して，彼らの生活史について語り合った。『貧困の文化』の小説のような筆致からは，その調査の克明さが伝わってくる。その文体を残しつつ，2つの家族を紹介しよう。

　最初は，マルティネスの家族。メキシコ市の南方に位置する山村に暮らす。世帯主のペドロは，もともとインディオの言葉しか話せなかったが，スペイン語を学んで村の政治指導者になり，メキシコ

革命では独立農民になる闘いにくわわった。彼は権威主義的なマッチョという村の理想の男性像に近い人物だった。しかし，生活水準は，他の家と同じく食べていくのがやっとだった。ペドロは，小学校時代，同級生から「インディオ！」と罵られ，教師からも体罰を受けた。すぐに養父に学校をやめさせられ，近くの農場で働かされた。その後，革命運動に参加するが，生活は変わらず，「革命は失敗だった」と感じている。

　妻のエスペランサは，朝5時に次女のマクリーナを起こした。17歳の彼女は，石臼の前に座り，トウモロコシを挽きはじめる。次に起こされた次男のマルティン（22歳）は，汚れた木綿ズボンをはいて，水くみに向かった。乾季には，共同井戸まで毎日20往復した。ペドロと息子3人は，朝食を済ませ，畑に向かって2時間の道のりを歩いた。男たちを送り出すと，エスペランサは，その日の食糧の貯えを調べた。トウモロコシのねり玉は残りわずかで，現金はまったくなかった。彼女はどこから借金できるか考えた。

　長女のコンチータは，教師を目指して師範学校に入り，多額の金が彼女の教育費に費やされた。ペドロは，娘が教師になれば，家族の暮らし向きもよくなると期待していた。しかし，コンチータは教師になってすぐ，校長に妊娠させられて家に戻った。子供を産んだあと，コンチータは，ふたたび学校で教えはじめ，家に仕送りするようになる。その後，彼女は村の男と結婚するが，農民の妻という役割に適応できず，喧嘩がたえない。子どもが生まれても夫は面倒をみず，暴力をふるった。ペドロは娘を家に連れ戻した。しかし，コンチータは父親のもとで働かされる生活に嫌気がさし，夫のもとに戻る。ペドロは怒りのあまり家族の誰も二度と会ってはならぬと命じた。

それでも，エスペランサは，ときどきコンチータの家を訪ねた。その日も，娘の家に行き，「七面鳥が売れなかった」と愚痴をこぼす。コンチータは，家のなかからイワシ缶に豆をいっぱい詰めて戻ってきた。エスペランサは礼を言って急いで立ち去った。父親と3人の息子たちは7時に家に戻った。エスペランサと次女のマクリーナは，男たちが癇癪を起こさないよう，急いで料理の支度をする。息子たちは，食事を済ませると，すぐに台所を出て，自分のベッドに横になった。長男のフェリペは，二週間ほど父親と口をきいていない。父親に結婚の申し入れを頼んでいたが，ペドロがはぐらかしていたからだ。ペドロは，結婚式の費用や花嫁とその家族への贈物，そしてフェリペが家を出たときに失う労働力のことを考えていた。10時にペドロとエスペランサは，ベッドにもぐり，すぐに眠った……。こうして家族の一日の生活のなかに，家族の過去の記憶や事件などが織り込まれていく。

　サンチェス家は，メキシコ市の北東端に位置する新開地エル・ドラードにある。住人のほとんどが「無産階級者」で，掘っ立て小屋も多い。上下水道や電気もない。サンチェス家は，なかでもとりわけ大きな家だった。父親のヘスス（48歳）は，中流階級向けのレストランで30年前からコック長や仕入担当として働いていた。彼は，幼いときから働き通しだった。文盲の父親は馬子から食料品店の経営者になるが，メキシコ革命のときに店が焼き払われ，家族を残して家を出た。

　ヘススは，母親とともに農場労働者になるが，母親が死亡。店を再建した父のもとで12歳まで働く。父親は厳格な人で，ヘススは自由の身になりたかった。家を飛び出し，サトウキビ工場で働いた。朝から晩まで食べずに働くこともあった。16歳を前に，仕事を世

話してくれた男とメキシコ市に行くが，すぐクビになる。路上で半分死にかかっていたとき，いまのレストランの皿洗いの職を見つけた。経営者からは，機敏で信頼のおける人物とみなされている。

　朝6時過ぎにヘススが身支度を済ませると，年上の妻ルーペが目を覚ました。ヘススはバスターミナルに急ぐ。彼は3つの家庭を別々に養っていた。毎日バスで一軒ずつまわった。お気に入りの若い妻ダリーラとの生活は2年になり，生後2ヵ月の赤ん坊がいた。ふつうはそこで食事をし，泊まっている。ヘススは，亡くなった最初の妻との娘マルタの面倒もみていた。21歳になるマルタは，夫に捨てられ，3人の女の子を育てていた。ヘススは，毎晩7時にマルタに食事と10ペソをもっていき，孫娘たちに1ペソずつ与えた。

　エル・ドラードの家は，ヘススが国営の宝くじに当たって土地を購入し，飼っていた豚を売って家を建てた。それは彼のような「何も持たなかった者」にとっては「宮殿」だった。その家で暮らす妻のルーペは，朝，世話をまかされている鳩の様子をみたあと，給水車の水を入れるブリキ缶を用意する。ルーペがレストランの職場でヘススと知り合ったとき，彼に妻子がいると知ったのは彼の子を妊娠してからだった。娘アントニアが生まれても，ヘススには言わなかった。家賃が払えず，家から追い出され，アントニアが病気になってはじめてヘススに伝えた。ヘススはアントニアをとてもかわいがったが，ルーペとはほとんど会話はなかった。

　ルーペは，ブリキ缶を家の前に並べると，鶏に小麦をあげて，パンを買いに行く。戻ると牛乳配達の少年から牛乳を受けとり，朝食の準備をする。寝室からアントニアの子どもフリオの泣き声が聞こえる。アントニアは27歳になっていた。夫のフランシスコは，いつ家に帰ってくるかわからない。妻子のことなど気にかけず，次つ

ぎと女性と関係をもち，遊びふけっていた。でも，アントニアは彼を心から愛していた。アントニアは，ヘススの最初の妻との娘コンスエロ（23歳）と市場に買い物に出た。子どもの頃，コンスエロは突然自分の姉になり，父親が溺愛したアントニアを憎んだ。しかし，ヘススが若いダニーラを妻にすると，その憎しみをダニーラに向けた。コンスエロは，自分の家庭を求めて好きでもない男と駆け落ちするが，父親に連れ戻される。

　買い物を終えた二人は，家の前のブリキ缶に気づく。給水車はまだ来てなかった。時間はいつも不規則で早朝や深夜になることもあった。アントニアは，鳩や鶏を小屋に入れ，家の掃除をした。夕方，みなが食事をとっていると，ヘススが帰ってくる。娘や孫の様子を聞き，新聞の見出しだけに目を通すと，また外に出て行く。やっと給水車が来る。女たちは，運転手を騙してたくさんの水を受けとろうとした。8時半に再びヘススが家に戻る。

　寝室には，大事な書類やノートが入った箱が置いてあった。一冊のノートには食堂の仕入れの記録が，もう一冊には新居に必要な材料と出費が書かれていた。彼はポケットから紙を取り出し，鉛筆でノートに数字を記した。ヘススは，自分の給料で多くの家族を養うのが無理だとわかっていた。家畜を飼い，それを売ってなんとか生計を立てていた。ヘススが計算をあきらめて眠ったころ，ルーペは台所で豚の餌を用意していた。彼女が床についたのは12時を過ぎていた。

『サンチェスの子供たち』への批判

　『貧困の文化』の出版前から，ルイスは，上で紹介したサンチェス一家について，子どもたちの語りで構成した民族誌の準備を進め

ていた。1961年に出版された『サンチェスの子供たち』は、大きな反響を呼び、名作と賞賛された。しかし、スペイン語版が出ると、猥褻な描写や粗雑な言葉遣いがメキシコの名誉を著しく傷つけるとして非難が巻き起こり、一部の保守的な学者によって出版差し止めを求める訴訟まで起きた。結局、訴えは却下されるが、メキシコでは大統領や政府を巻き込む大論争になった。この『サンチェスの子供たち』は、1978年にアメリカで映画化されるなど、民族誌というジャンルを超えて世界的に愛される作品となった。

　ルイスは、その後も著作を発表しつづけ、『ペドロ・マルティネス　あるメキシコ農民とその家族』(1961)では最初に紹介したペドロ一家を描き、『ラ・ビータ　貧困の文化におけるプエルト・リコの一家族』(1966)はピュリッツァ賞を受賞した。1970年、ルイスは56歳で急逝する。ルイスの残した著作に登場する人びとの生きざまには歴史の重みがある。それは国家の歴史から無視され、忘却されてきた人びとの声なき声でもある。

オスカー・ルイス（Oscar Lewis, 1914-1970）

　アメリカ・ニューヨーク市生まれ。邦訳のある主著に、『サンチェスの子供たち　メキシコの一家族の自伝』『ラ・ビータ　プエルト・リコの一家族の物語』、共著に『キューバ革命の時代を生きた四人の男』がある。

参考・関連文献
江口信清編『「貧困の文化」再考』（有斐閣、1998年）
D. Butterworth, Oscar Lewis 1914-1970, *American Anthropologist* 74 (3): 747-757, 1972.

コリン・ターンブル

『ブリンジ・ヌガク 食うものをくれ』
The Mountain People, 1973

幾野宏訳,筑摩書房,1974 年

——科学技術と個人主義が導く人類の未来とは？——

民族誌の名作に込められた文明批判

　コリン・ターンブルの民族誌は,まるで良質の冒険小説でも読んでいるかのように,その世界にぐいぐいと読者を引きこんでいく。まさに読み物として面白い民族誌を書く名手だ。『ブリンジ・ヌガク』(原題『山の民』)は,とりわけ大きな反響を呼んだ。

　ターンブルは,オックスフォード大学で哲学や政治学を学んだ。第二次大戦中は海軍大尉として軍務につき,その後,バナラス・ヒンドゥー大学で 2 年間インド哲学を学ぶ機会をえた。海軍での非人間的な体験が彼にインド哲学を選ばせたという(彼の戦争体験は『人間のサイクル』(1983)(邦題『豚と精霊』)でも述懐されている)。インドでの研究成果の一部は,ダライラマ 14 世の実兄サブテン・ノルブとの共著『チベット』(1968)として出版されている。インドから海路イギリスに帰国の途中,アフリカに立ち寄ったのが1951 年。このときベルギー領コンゴを旅して,はじめて狩猟採集民ピグミーの生活にふれ,人類学者になることを決意した。オックスフォードに戻ってからは社会人類学を専攻し,エヴァンズ＝プリチャードなどの指導のもと,ムブティ・ピグミーの調査を行う。そ

の後，渡米し，アメリカ自然科学博物館のキュレーターを務めたあと，ホフストラ大学などで教鞭をとった。

　晩年，ターンブルは，すべての私財を黒人学生の支援団体に寄付し，調査ノートなどもチャールストン大学に寄贈する。学問の世界から身をひき，チベットの政治運動に関わるようになる。1989年には，ノルブとともにインディアナ州にチベット文化センターを設立。ダラムサラに渡り，ダライラマからチベット仏教の僧侶として認められた。つねに社会的使命を強く意識していた人類学者だった。

　ターンブルは，民族誌のなかで登場人物を実名で登場させ，ひとりひとりの人柄や表情を生き生きと描写する。ユーモアに富んだ人びとの振る舞いに心温まり，思慮深い言葉にはっとさせられる。最初の著作にして代表作の『森の民』(1961)では，ザイールのイトゥリの森に暮らすムブティ・ピグミーの日常が美しく描かれている。鬱蒼としたジャングルを駆けめぐって猟に同行したり，夜遅くまでつづく歌と踊りを眺めるターンブルの目をとおして，読む者は，すぐにムブティの世界に魅惑される。しかし，その夢のような世界の周囲では，森を伐り開いて道路がつくられ，鉱山や農園の開発がはじまろうとしていた。行政官たちも，しきりにピグミーたちを定住させ，農業に従事させようと画策する（その試みはことごとく失敗に終わるのだが）。たっぷりと森の民の豊かな生活に魅了された読者は，最後に自分たち「文明」の側の醜さや愚かしさを突きつけられる。美しいムブティの暮らしも，いずれ文字どおり「夢の世界」に終わるかもしれない。そんな未来への不安が暗示される。『山の民』でも，ターンブルの文明批判の視点が貫かれている。しかし，そこで描かれるのは，『森の民』とはまったく真逆の世界になる。

極限状態に暮らす「山の民」の物語

　「山の民」とは，ウガンダ北東部の山岳地帯に住む「イク」といわれる人びとのことを指す。当初，ターンブルは，スーダンとケニアの国境地帯に暮らす「テウソ」と呼ばれる狩猟民の小集団を調査するつもりだった。ケニアのモンバサ港についた特注のランド・ローヴァーを運転して，彼はウガンダ南部から北上する（消防車のように真っ赤に塗られ，屋根が雨漏りするそのランド・ローヴァーは，「象を惹きつけてしまうという奇妙な性能」があった）。

　褐色に乾ききった広大な平原を走り抜け，いくつかの牧畜民とすれ違う。行政官からは，国境付近で干ばつのために牧畜民の家畜争奪戦が起きていると警告される。そして，ターンブルは，カーボングという小さな町にたどりつく。彼は，そこで学校に通うふたりの「テウソ」の若者，ピーターとトーマスに出会い，言葉を習いはじめる。1週間が過ぎたころ，彼らはようやく「テウソ」が異民族の呼ぶ名で，自分たちの本当の名前は「イク」なのだと打ち明ける。行政官や他の民族の者たちは，イクが「やっかいもので，不正直で，つかまえどころがなくて，ずるがしこい」と口をそろえる。

　そんな頼りないイクの青年をガイドに，山々を訪ね歩くターンブル。なんども騙されたり，断崖から転げ落ちそうになったりしながらも，ようやく最初のイクの集落にたどりつく。教わった「イダ・ピアジ（こんにちは）」という挨拶をすると，骨と皮だけのような老人が返した言葉は「ブリンジ・ロトプ（タバコください）」だった。話を聞くと，その集落にはトーマスの母親が住んでいて，病気で寝ているという。しかし，2年も帰っていなかったトーマスは母の安否をたずねようともしない。家の前にくると，ただ一言，「ブリンジ・ヌガク（食うものをくれ）」と言葉をかける。なかから返ってき

たのは「ベラ・ヌガク（食うものなんかないよ）」。それ以上，言葉は交わされなかった。

　ターンブルの調査は難航をきわめる。本格的に現地調査をはじめるために，町から大量の食糧を調達し，イクのポーターたちに運んでもらう。しかし，食糧の大半が夜のうちに行方不明になる。ターンブルは，つねに人びとの有言・無言の要求にさらされ，ゆっくり食事をとることもままならない。いつも彼はランド・ローヴァーのカーテンを閉め切り，音を立てないようにひっそり食事をとった。それでも何かと理由をつけては食物や薬などをせびり取られた。「食物とかタバコとかで誘惑して話をさせようとしても，やはりむだだった。連中は話をはじめる前にそれをくれと要求し，そして受けとるとすぐ，またもとどおり黙りこんでしまう」。

　しかし，ターンブルをもっとも悩ましたのは，「笑い」だった。炭火のほうに這っていく赤ん坊を，男たちは期待をもって見守る。そして赤ん坊がやせこけた手を炭火に入れると，陽気な笑いがどっと起こった。老人や身体の弱い者などが転んでも，笑いが起きる。それが盲人であれば，なおさら見物人たちは喜んだ。そこには隣人どうしの助け合いや家族の愛情あふれる社会関係など，まるで欠如していた。ターンブルは，食物の調理など家庭生活が営まれる場面を一度もみかけなかった。どんな食物でも，手に入ればすぐにその場で，そして自分だけで，たとえ腹が減っていようがいまいが，できるだけ早くたいらげる。それがイクのやり方だった。

　子どもや老人が衰弱して動けなくなっても，ただ放置された。そんな者が食物を手にしようものなら，力ずくで奪いとられた。たとえ死んでも，こっそり庭に埋められるか，離れた場所に捨てられた。親類が死んだことが知れわたれば，葬式をしてご馳走をふるまうは

めになる。なぜそんなことになってしまったのか。やがてターンブルは気づく。「〔それは〕家族だとか感情だとか愛だとかいった贅沢なものを受けいれるだけの余裕が、ここの住民たちにはないという、ただそれだけの単純な事実を示すにすぎない。餓死の一歩手前にあるとき、そんな贅沢は死を意味する」。

イクが直面していた飢餓は、想像以上に厳しいものだった。「家族」という、人間の社会生活に欠かすことのできないと思われる関係すら、極度の飢えのまえにもろくも崩れさっていた。個々の人間が、ただ自分が生き残るためだけに行動する。そんな目を背けたくなるような描写がつづくなかで、ターンブルは、ピグミーとも比較しながら、イクの人間関係やもめごとへの対処、社会を成り立たせる秩序のかたち、失われつつある信仰などについて、考察をめぐらす。かつては、たしかに信仰や儀礼的慣習、呪薬についての知識など「文化」と呼べるものがあった。それが、いまやどれもが人びとを社会的に結合させる役目をはたさなくなっていた。

ターンブルは、はじめ弱った老人に食物や薬を与えていた。しかし、それがはたして正しい人間的行為だったのか、自問しはじめる。イクにとって、もはや愛やモラリティなど贅沢で邪魔なものにすぎない。ターンブルは、彼自身を含めて、人間性や道徳心に文化的な優越をみいだし、イクを哀れむかせいぜい事実から目を背けることしかできない「文明」の側を問いかけはじめる。

「いまわれわれ自身の社会に現われている変化の徴候のかずかずは、正確にその〔イクの〕世界と同じ方向を指し示している」。家族の結びつきがこわれ、子どもや老人が家族から引き離され、個人が自己利益のみを追求する世界。それは、とりもなおさず現代の「進歩」したはずの世界の姿ではないのか。社会の変化が科学技術

の変化に追いつけず,ただその急速な流れに無感覚に身をゆだね,あるいはその科学技術の産物を生きる価値だと思い込んで,旧来の社会のあり方を捨てつづける。それを「進歩」と称する世界。読者は,遠い世界の異様な出来事だと思って眺めていたものが,不意に鏡のなかに映る自分たちの姿なのだと告げられる。

民族誌における「主観」の位置づけ

マリノフスキーやエヴァンズ=プリチャードなど,それまでの模範的な民族誌でも,最初に調査者がいかに現地に入って調査を進めたか,その過程が一人称で描かれることはあった。ただし,その後は調査者の姿が消え,客観的に整理された記述がつづくのがふつうだった。ターンブルの民族誌は,いずれも一貫して調査者の目線で記述が展開していく。読む者は,ターンブルの目をとおして人びとの暮らしを眺め,ともに調査に参加しているような気分を味わう。しかし,「学問」としては,その妥当性が問われることになる。

民族誌は,科学的で客観的な事実の記録なのか。あるいは何らかのメッセージを込めた文学作品なのか。ひとりの人間として感じたこと,経験したことをどこまで率直に表現すべきなのか。『山の民』が出版されたあと,大きな反響のなかには,フレデリック・バースのような痛烈な批判もあった。バースは,雑誌『現代人類学』（カレント・アンソロポロジー）(1974年3月号)に「責任と人道について ある同僚に説明を求める」と題した文章を寄せ,『山の民』が人類学の著作として方法論的にも,データや考察の面でも不十分であり,読者の誤解を招くだけでなく,調査対象にとっても無責任で有害だと厳しく非難した。ターンブルは,批判に次のように答えた（同誌1975年9月号)。調査者が完全に客観的であることは不可能だ。民族誌が人文学なのか,

科学なのか，その対立は埋めがたく，対象への異なるアプローチがありうる。調査が不十分なのは認めるが，それは人びとがおかれた極限状態のせいでもある。そこでの民族誌家の責務は，状況を記述することだった。調査者の感情を描くのは，深く関与すること，それ自体が重要な民族誌的資料だからだ。よき民族誌は，明確な証拠から答えを出すのではなく，むしろ問いを提起する。現場での経験にもとづいた知見や良心だけが，人類学者の道義性を導きうる。そして，なにより重要なのは，自分たちの属する社会への責任であり，一般の人びとに向けて発信することだ。

この論争は，レナート・ロサルドが『文化と真実』で模索した問いにもつながる。ターンブルの残した民族誌とそれにつづく論争は，80年代に人類学が直面する批判と実験の時代の序章でもあった。

コリン・ターンブル（Colin Turnbull, 1924-1994）

　イギリス・ロンドン生まれ。『アフリカの部族生活』『ローンリー・アフリカン』『アフリカ人間誌』『異文化への適応』など多くの邦訳がある。バースとの論争については，『森の民』の長島信弘氏の解説や『豚と精霊』の太田至氏の解説でも詳述されている。

参考・関連文献
　C・ターンブル『森の民　コンゴ・ピグミーとの3年間』（藤川玄人訳，筑摩書房，1976年）
　C・ターンブル『豚と精霊　ライフ・サイクルの人類学』（太田至訳，どうぶつ社，1993年）

第3部 民族誌の名作

クリフォード・ギアツ

『ヌガラ 19世紀バリの劇場国家』
Negara: The Theatre State in Ninteeth-Century Bali, 1980

小泉潤二訳,みすず書房,1990年

―― 文化の解釈 ――

解釈人類学の提唱者

　クリフォード・ギアツは,文化の解釈学を提唱し,アメリカの文化人類学の潮流に大きな転換をもたらした。ある意味で「異端者」でもあった彼の代表的な民族誌が『ヌガラ』である。

　ギアツは,あまり裕福でない家庭に育ち,大学への進学も考えていなかった。1942年に海軍に入隊し,あと1週間で日本との本土決戦に参加するというところで終戦を迎えた。退役者の奨学金制度を利用して,オハイオ州の小さな大学に進学。小説家を志していた彼は,英文学や哲学を学ぶ。将来の仕事についての明確なビジョンもなく,彼は大学院に「避難する」道を選ぶ。哲学の教授に相談すると,それまで聞いたこともなかった人類学を勧められ,1950年に奨学金をえてハーバード大の大学院に進学した。そして,オランダから独立して間もない混乱期のインドネシアへと調査に向かう。

　ギアツは,宗教から農業や商業まで幅広いテーマに取り組み,イスラームをテーマにした博士論文の『ジャワの宗教』(1960)をはじめ,農業変容を内発的なジャワ文化の視点からとらえた『農業のインボリューション』(1963),人びとの日常的・宗教的な実践を象

徴体系として描いた『行商人と貴族』(1963) や『インドネシアの町の社会史』(1965) など、たてつづけに著作を発表する。

　ギアツの扱うテーマの幅広さ、議論のスケールの大きさは、当初から人類学以外の分野にも大きな影響を与えた。なかでも「解釈的転回」をもたらした記念碑的著作として名高いのが『文化の解釈学』(1973) だ。ギアツは、民族誌によって人類学が生み出す知識を知的作業としての「厚い記述」に求めている。われわれは物事をみるとき、すでにそれをある枠組みでとらえている。その意味で、「解釈」を逃れることはできない。意味は、つねに意味のヒエラルキーのなかで定まる。民族誌家が直面するのは、概念構造の多重性である。そこには人びとの行為に対する人びと自身の解釈とそれをみる観察者の解釈が分かちがたく重なりあっている。「厚い記述」による分析は、それらの重なりを注意深くほどき、分離させなければならない。ギアツは、それを「テクスト」としての文化を解釈していく、学問的な「創作」の作業だと主張する。『ヌガラ』でも、ギアツはバリの文化という複雑なテクスト／コンテクストを巧妙に解きほぐしながら、ひとつの解釈モデルによりあげていく。

「劇場」としての国家

　「ヌガラ」とは、インドネシア語で「宮殿」「都」「国家」「王国」を意味する。その反対語が「村落部」「領域」「村」「場所」などを示す「デサ」である。インドネシアには、歴史上、数百もの「ヌガラ」があった。ギアツは、年号や地名や著名人の名とともに時代によって境界づけられた歴史ではなく、比較的連続し、パターン化した社会・文化的な発展過程を描こうとする。そのためには、概念的に精確で経験的にも根拠のあるモデルを構築する必要があった。そ

れが「劇場国家」というモデルである。

　19世紀のバリ国家が目指したのは，権力集中による支配や統治ではなく，バリ文化の社会的不平等と地位の誇りを公の儀式において「演劇化」することであった。王と君主が興行主，僧侶が監督，農民が脇役と舞台装置係と観客となり，国家は華麗な火葬や寺院奉献式典などの儀礼を執行するための劇場だった。その背後には，王宮＝都が超自然的秩序の小宇宙であると同時に，政治秩序の具現であるという根本観念があった。「ヌガラ」は，その支配の位置する座と支配の実現がイコールであるという政治理念を表現していた。

　19世紀バリにおいて，その政治理念を現実の権力分布と調和させる正統化の役割を担ったのが，神話だった。そこにはバリの人びとがバリの政治展開をどうとらえるかが表現されている。人びとは，自分たちの起源をジャワ東部のマジャパイト王国による侵略者の末裔だと考えていた。バリの各領域の支配者たちは，ジャワから移住した貴族の末裔とされ，かつては王の宮殿をとりまき序列に従って配置された小宮殿に住んでいた。都は，空間的にも，儀礼的，階層的，行政的な意味でも，王国の全体構造を表現していたのだ。しかし現実には，国家の模範顕示力は弱まり，権力構造は拡散していく。バリ国家の壮麗な式典は，かつての光り輝く文明のイメージを再生するべく，模範的な真正のヌガラを演出するものだった。

多元的集団性

　ギアツは，生態環境にそった権力間関係，出自集団の構造原理と序列体系，支配階級と農民や僧侶，商業に従事する少数民族集団などとの主従関係，領域の支配者層どうしの同盟関係といった細分化して構造的にもろい「ヌガラ」の政治制度を記述したうえで，村落

部「デサ」の自己完結的な政治体制のあり方を描く。ヌガラとデサは、互いに影響を与えながら、つねに一方に即して他方が形成されるという関係にあった。村落部の政治形態は、①共同体の公共的な秩序づけ、②灌漑施設の規制管理、③民間儀礼の組織という3つの点で支配的な役割をはたした。それぞれ部落、水利組合、会衆組織という制度に支えられ、そこに親族集団や自発的結社などが集まって、複雑な政治秩序を構成していた。3つの組織の成員は一致せず、入り組み、重なりあう。ほとんどの部落の成員は2つ以上の水利組合にわかれ、水利組合には異なる部落や会衆組織の成員がいて、会衆組織もいくつかの部落や水利組合の成員からなる。ギアツが「多元的集団性」と呼ぶ多様な機能をもつ別々の集団が、部分的にのみ秩序を保ちつつ集積していたのだ。

　このデサとヌガラを結びつけていたのが、村人を君主と結びつける役人たちだった。ギアツは、19世紀末ごろのバリのタバナン地域における上流階級や僧侶から、役人や最下層民までの詳細な親族関係を示し、その序列体系を分析する。それはウェーバーが類型化したような「官僚制国家」でも「封建制国家」でも、「家産制国家」でもない。権力は、中央から広がるように上から割り当てられたのではなく、むしろ臣下から君主へ、そして国王へと下から明け渡され、積み上げられる「連合的」な性質をもっていた。

　一般に、アジア的生産様式では、灌漑設備にねざした水利農業が権力を集中させると考えられてきた。ギアツは、バリの稲作農業における水利組合の組織形態から、その考え方がバリには当てはまらないと指摘する。水利組合は完全に自己完結的で、自ら直接統御できないような国家の水利施設は存在しなかった。棚田を灌漑する大水路は水利組合の所有物で、ほとんどの場合、水路がわかれる堰堤

も複数の水利組合の共同所有だった。棚田のレベルでの作業は基本的に農民にゆだねられていたが，水利組合が一定の制限を課した。水利作業の遂行は，中間的な分節組織である「水組」が担った。各レベルでは儀礼活動も行われた。棚田での個人的な儀礼にくわえ，水利組合には寺僧のいる主寺院があり，その中継点として水組にも祭壇がおかれて儀礼が執り行われた。ほかにも部落の宗教生活を担う部落寺院があり，大堰堤の近くには，水神たちが住まう「水の長の寺院」があった。それぞれの寺院が関係する社会単位の活動を秩序づけるとともに，水利組合のなかの全体系の相互調整をしていた。ヌガラの存立基盤でもある水利組合の体系は，集中的な権力の座を中央にすえる政体ではなく，積み上げられた社会的層位がそれぞれの次元において互いに均衡を保つような拡散的で分節的なものだった。そこでつねに稲作儀礼による統合が必要とされたのだ。

権力の詩学

こうしてギアツは，バリの政治体制や生業について精緻に記述したうえで，儀礼における権力の象徴論的な解釈へと進む。なかでもクライマックスは，君主の死に際して妻妾の女性が生贄となる火葬儀礼だ。生きながら火葬の火のなかに跳びこむ行為は，地位への執着とそれをめぐる信仰が民衆一般にも浸透していたことを象徴する。人びとは，彫刻，花，舞踊，旋律，しぐさ，歌，飾り，仮面などのかたちで包括的な諸観念を表現していた。ギアツは，その解釈の困難さや危険性を認識したうえで，儀礼的しぐさや聖像をとおして個別的な象徴形態を描写し，それらが一部をなす意味構造全体の文脈をあきらかにしていく。ギアツは，それを「全体をつくる部分と部分を動かす全体との間隔を弁証法的に引き寄せて狭め，部分と全体

とが同時に視野に入るようにすること」と表現する。

19世紀バリの国家儀礼とは，形而上学的な演劇として，現実の究極的性質についてのひとつの見方を表現すると同時に，現存する生の状況を現実と調和させようとするものだった。王とその宮廷，それらをとりまく国家全体が，そのイメージによって定義される秩序の模写となっていた。ギアツは，神々の宗教象徴や宮殿の空間象徴の多義性を読み解きながら，国家儀礼の対象となる君主が偶像という神聖な形象へと変容される様子を描く。人びとが王をシヴァ神の活性化としてみることで，国家や社会もまたその活性化であり，同時に自己もその活性化になるのだ。

従来，西洋の国家をめぐる議論では，国家の暴力的な支配だけが焦点化されてきた。ギアツは，国家の支配や統治の側面ばかりが注目されてきたことに異議をとなえる。国家には，地位と華美と統治との相互作用がある。バリの事例はそのことをさらけ出し，顕示や栄誉や演劇が秩序をもたらす力として作用することを示唆する。ヌガラにおける壮麗な国家儀礼は，王国の繁栄のイメージであるとともに，権力のイメージを中央に集められた富というかたちで描く。そして，権力が及ぶ社会的広がりのイメージを富を供出する人民というかたちで表象する。その背後には，権力が制度的に分散していたという現実が分かちがたく結びついていた。ギアツは，こうしたヌガラを理解することが権力の力学ではなく，権力の詩学を追求することだと述べる。民族誌としての『ヌガラ』も，どこまでも詩的な美しさにあふれている。

「文化の解釈」への批判

ギアツの文化への姿勢はアメリカの文化人類学が基盤としてきた

文化相対主義に貫かれている。異文化をひとつの観念体系として描きだすその詩的な文章は、ルース・ベネディクトの著作を彷彿とさせる。ギアツに向けられた批判も、その点に集中している。ギアツと同じモロッコで調査に従事したヴィンセント・クラパンザーノは、『文化を書く』のなかで、ギアツがバリの闘鶏を描いた「ディープ・プレイ」論文（『文化の解釈学』所収）の「語り口」を痛烈に批判している。「彼は、記述の次元で、彼自身の主観性……に村人たちの主観性と意図をにじませている」。「ギアツと彼の妻は……個人として配役されている。バリ人はそうではない。バリ人は一般化されている」。「〔バリ人は〕ギアツの記述、解釈、理論のための引立て役、すなわちギアツの自己提示のための引立て役となる」。

　民族誌のなかで対象となる人びとが一般化され、意味の網の目としての文化にそって動く駒となる。その文化を解釈し、記述する人類学者の特権性は、どのように正当化されるのか。そのジレンマを避けるために、（クラパンザーノ自身の民族誌をはじめ）批判と実験の時代の人類学は「個人」を描くことをひとつの主題にすえる。

クリフォード・ギアツ（Clifford Geertz, 1926-2006）
　アメリカ・サンフランシスコ生まれ。邦訳された主著には、『インボリューション　内に向かう発展』『二つのイスラーム社会　モロッコとインドネシア』『文化の解釈学』『ローカル・ノレッジ　解釈人類学論集』『文化の読みかた／書き方』『解釈人類学と反＝反相対主義』などがある。

参考・関連文献
　竹沢尚一郎『人類学的思考の歴史』（世界思想社、2007年）
　C・ギアツ『文化の解釈学I・II』（吉田禎吾ほか訳、世界思想社、2008年）

ロバート・スミス，エラ・ウィスウェル

『須恵村の女たち　暮らしの民俗誌』
The Women of Sue-Mura 1935-36, 1982

河村望，斎藤尚文訳，御茶ノ水書房，1987年

——「天皇陛下は人間で，とても偉か人です」——

「須恵村」のもうひとつの民族誌

　戦前の日本農村についての民族誌として名高いジョン・エンブリー（1908-1950）の『須恵村』（1939）。その妻エラの日誌を日本研究の人類学者ロバート・スミスが編集して出版したのが，この『須恵村の女たち』である。

　エンブリー夫妻の調査は，1935年から36年にかけて，熊本県南部の須恵村で実施された。この調査は，当時，シカゴ大学にいたラドクリフ＝ブラウンが主導する東アジアの社会類型に関する大規模調査の一環として行われた。外国人としてはじめて日本の農村部に住み込み，精緻な資料をもとに構成された『須恵村』が「社会の法則を探求するため」の模範的な民族誌の古典だとしたら，『須恵村の女たち』は，その対極にあるような民族誌だ。だが，その迫力は『須恵村』をはるかに超える。

　エンブリー夫妻は，1935年の秋，2歳の娘クレアをつれて調査のために日本を訪れた。エラにとって，それは「里帰り」でもあった。彼女は，父親の仕事の関係でロシアの極東に生まれ，幼いころに日本に移り住んで函館や横浜，神戸で10年あまりを過ごした。ジョ

ンは日本語をほとんど話せなかったが、エラは流暢に日本語を話せた。彼女は有能な通訳であり、共同研究者でもあったのだ。

　ふたりは本州と九州の21カ所の村を訪れ、そのなかから稲作をする典型的な小規模農村として、須恵村を選ぶ。そして一軒の家を借り、2人の女中と1人の調査助手とともに生活をはじめる。日米の緊張関係が高まる時世にありながら、彼らは村の一員として快く受け入れられた。エラは、こう書いている。「私たちがなにをねらっているかをまったく理解していない、私たちの会った日本の人類学者より、須恵村の人びとの方が、私たちの目的をよく理解しているように思われた。おそらく、農民たちは、外国人夫婦が自分たちのすべてを知りたがっているとおだてられたのであろう」。

　村人の歓待ぶりは、1985年に催されたエンブリーの須恵村調査50周年記念祭にエラが招かれたときの様子にもあらわれている。1950年に事故でジョンとクレアを亡くし、再婚してハワイにいたエラのもとに英語の招待状が届く。そこには「須恵村の改善を図り、この村を有名にした著書〔『須恵村』〕を次の世代に知らせること」を目的として、数年前に若者たちによって「エンブリー会」が組織されたと記されていた。村役場の人や婦人たちが空港まで迎えに来たバスには、歓迎の大きな旗が英語で掲げられていた。すべて村の資金で招待されたエラたちのスケジュールは、式典や宴会などのイベントでびっしり詰まっていた。「接待の終りに、私が感謝の言葉を述べると、村の人びとは伝統的な万歳三唱で応じてくれた。……女の人たちが三味線を弾き、歌いながら私たちについてきた。そのうちの一人は、村から出ていく仲間を見送るための、古い「見送り」行列の真似をして、お面をかぶっていた。それは、ちょうど、1936年にジョンと私が村を出ていくときに、部落の女たちが村の

境までついてきて，してくれた見送りと同じだった」(「日本語版への序文」)。

　彼女は，同じ序文の最後にこう書いている。「私は，ただ，須恵村の若い女たちがこの本を読むとき，いかに私がこの村の女たちを賞賛し，その忍耐力，その家族と子どもたちへの献身，その困難さに耐える能力，なかでもその自立の精神に，いかに感動していたかを，理解してくれることを期待するだけである。この本は，彼女たちへのささげ物として書いたのであり，友情と尊敬の念をもって彼女たちに呈示されたものである」。訳者によると，エラは本書の邦訳には消極的だった。1985年の記念祭の前には，いったん中止か延期を申し入れていた。じっさい記念祭の式典が終わってしばらくは出版を見合わせることになった。その背景には，エラが躊躇するほどの赤裸々な記述がある。

日本の農村女性の生と性

　ジョンの『須恵村』では，歴史的背景から村落の構造，家族と世帯，協同の諸形態，社会階級と団体，個人の生活史，宗教，と整然とした記述がつづく。たとえば，議論の中心になった社会構造の変化については，こう述べられている。「封建統制に代わる中央政府の統制の切換えは，国家主義の強調を結果した。……現在では，社会統制の有力な道具として国家主義は教育や徴兵に，また学校の講演に，愛国婦人会のような団体の奨励に，強調されている。天皇は国家のシンボルと見なされ，この宣伝には国民の父として表れた」。

　一方，エラの記録には個人名があふれ，何気ない言葉や振る舞いから，人びとの日常の素顔がのぞく。当時，愛国婦人会の会合では，かっぽう着をつけることが義務づけられた。「エプロン〔かっぽう

着〕を着ることは，女たちにとって一種の気晴らしだった。女たちは，エプロンをよそいきとは全然思っていない。……大体において，女たちはそれを，馬鹿げたことだと思っている」。天皇を神様のように崇拝する理由をたずねると，「谷本さん」はこう答える。「さあ，多分，天皇陛下は国の大将けんでしょう」。天皇は神様ではないのかと聞くと，「そうです。天皇陛下は神様のようにしとりますが，本当の神様ではなかとです。天皇陛下は人間で，とても偉か人です」。天皇を頂点とした愛国主義が高まり，中央による統制が強まるなかで，人びとがそれをどう受容し，生きていたのか。日本人も知らない歴史の素顔がそこにはある。

『須恵村の女たち』でとりわけ目を引くのは，農村女性たちの酒や性をめぐる話題だ。エラが「私は須恵村ではいつも酔っぱらっていた」と述懐するほど，村では焼酎を飲む機会が多かった。「酒はあらゆる機会にだされる。私が何人かの年とった女たちと連れだって，村の外の神社に参拝したときでさえ，私たちは冷たい弁当といっしょに焼酎を持っていき，みな千鳥足で帰ってきた」。女性たちは，仲間どうしで社寺を参詣したり，同世代が集まる同年講や現金を集めてくじ引きで賞金を渡す講銀をつくったりしていた。いずれも「社交」が重要な目的のひとつだった。講の集まりのあとは，きまって宴会が開かれた。「食事のあいだ中，焼酎がくみかわされた。みなに飲ませる目的は，そうすれば踊りが始まるからであった。後に，ある女性がみなの口に直接酒をついでまわった。くじの新しい当選者にまず最初に酒がつがれ，いまの当選者の女主人には特別な酒がつがれた。みな，おおいに酒を飲み，煙草を吸い，冗談をいいあった。最後に三味線がとびだし，踊りが始まった」。

そんな女性たちの日常は，過酷な労働の日々でもあった。「彼女

〔16歳の女中〕は一日三回食事を作り，家の掃除をし，また多くの野良仕事を要求される。今日，私はお墓近くの桑畑に米ぬかを運んでいる彼女と出会った。籠は大変重くて，私は肩まで引き上げられなかった。彼女は，これから五往復するといっていた」。それでも須恵村の女性たちは底抜けに明るい。とくに性に関する冗談や戯れの多さは，つねにエンブリーたちを当惑させた。誰もが，彼らに性にまつわる語彙を教えたがり，アメリカ人はどうしているのかと聞きたがった。「彼女たちは，アメリカ人がどんな風に性交するのか知りたがった。藤田さんは，自分ぐらいの年齢では，他になにもできないので，舌を使うというのは本当か，と私に聞いた」。ジョンも記録を残している。「二人の女性は，私が自分のきんたまを二人に一つずつ置いていくべきだといった。そして，彼女たちは，記念として，私に豆〔ヴァギナを意味する〕をくれるといった」。エンブリー夫妻の困惑ぶりが目に浮かぶ。

　多くの者が百姓は子どもを生みすぎると考えていた。だが，避妊はほとんどされなかった。ある女性は言う。「ほんと，子供さえ生まれんなら，どぎゃんによかろう。そしたら，夫といっしょに寝ることのできる。ばってん現実には，部屋の反対側の端で寝ならん。長かあいだに，一度しかいっしょにならんから，またすぐに赤ん坊のでき，妊娠したあとは，おなかがふくらんで気持ちの悪かだけで，なんの楽しみもなか」。しばしば起こる死産や流産，女性たちを苦しめる性病，くり返される離婚や再婚，未婚の若者たちの恋愛や性的関係，その結果としての私生児の多さ。それらが具体的な事例をもとに記されていく。「温良貞淑」「良妻賢母」という女子教育が国家によって進められていた時代にあって，日本の農村社会がそれとはまったくの別世界であったことがわかる。ただし，前の世代に比

べれば、婚前の性交渉や妊娠などへの周囲の目が厳しくなり、表向きはふせられる傾向にあったことも指摘されている。農村部が国家のイデオロギーとずれつつも接合している点が興味深い。

よく言われてきたように、女性は公的な権限を与えられず、財政的な自立も奪われ、過重な労働を強いられている。しかし、同時に、ともに助け合う社会関係をつくりあげ、ユーモアにあふれ、煙草や酒、性を楽しんでいた。エラの日誌に登場する女性たちの日常からは、エラがどれほど村の暮らしに入り込み、受け入れられていたか、また須恵村の女性たちがいかに気さくにいろんな内輪話をこの外国人女性に聞かせていたかがわかる。まさに驚くべき民族誌だ。

「日本」をめぐる民族誌／民俗誌

エラによってつづられた膨大な記録を読み進めると、不思議な気分になる。日本人なのにまったく知らなかった世界がある、というだけではない。ベネディクトの『菊と刀』に対する日本人研究者からの複雑な反応からもわかるように、外国人による日本人の描写を日本人が読むという行為そのものが、いろんな「ずれ」をともなった想いを喚起する。おそらく当時の日本人による農村研究では、こうした記述や描写はありえなかっただろう。それは人類学があえて他社会／異文化をおもな研究対象としてきた意義にもつながっている。そして、理論化のための「素材」として扱われがちな生の記録自体が、これほど力をもっていることに感動すら覚える。

日本の村落生活を描いた優れた民俗誌に、宮本常一の『忘れられた日本人』(1960)がある。日本の周辺で生きてきた人びとの生き生きとした語りや描写が、かつての日本のもうひとつの顔を伝える名著だ。宮本も、エンブリーたちと同じ1930年代から日本列島を

歩きまわり，多くの古老たちの話を聞き，文字には記録されてこなかった日本人の生活史を描き出した。ただ，それはやはり日本人男性の目線で書かれたものだった。『須恵村の女たち』は，宮本に比べれば日本の歴史や社会についてほとんど無知に等しいひとりの外国人女性の日誌の断片に過ぎない。誤解と思えるような記述や単純な事実誤認なども散見される。それでもエラが記した人びとの姿には，日本人には描けない迫力がある。

その後，海外の人類学者によって数々の「日本」をめぐる優れた民族誌が書かれてきた。近年邦訳されたものでは，ジェニファー・ロバートソンの『宝塚』（1998），ヤコブ・ラズの『ヤクザの文化人類学』（1996），コルネリウス・アウエハントによる『波照間』（1985），テオドル・ベスターの『築地』（2004）など，さまざまな「日本（人）」が人類学的な研究の対象となっている。それを日本人が読むことは，「他者化」という人類学的な経験の一部でもある。

ロバート・ジョン・スミス（Robert John Smith, 1927-2016）
エラ・ルーリィ・ウィスウェル（Ella Lury Wiswell, 1909-2005）
　スミスの邦訳された著書には，『来栖むらの近代化と代償』『日本社会 その曖昧さの解明』『現代日本の祖先崇拝』などがある。

参考・関連文献
　牛島盛光『変貌する須恵村　社会文化変化の基礎的研究』（ミネルヴァ書房，1971年）
　牛島盛光『須恵村 1935‐1985』（日本経済評論社，1988年）
　宮本常一『忘れられた日本人』（岩波文庫，1984年）
　J・エンブリー『日本の村　須恵村』（植村元覚訳，日本経済評論社，1978年）

第4部

批判と実験の時代

　1980年代，人類学はひとつの転換期を迎える。それは人類学が大学というアカデミックな体制のなかで確立され，世界的に人類学を学ぶ学生が増えてきた時代でもあった。アメリカを中心に，人類学が築き上げた方法論や記述のスタイルが根底から問いなおされ，「文化を書く」ことの自明性に疑問が投げかけられた。人類学者が異なる社会に身をおいて調査を行い，それを記述するという行為には，いったいどのような意味があるのか。そこに避けがたくまとわりつく非対称性や政治性に，どう向き合えばよいのか。成熟期に入っていた人類学は，いちから自己批判と実験的試みをはじめる。批判と実験の時代，それは真に革新的な人類学とは何か，人類学の力とは何なのかが，探究された時代でもあった。

ヴィンセント・クラパンザーノ

『精霊と結婚した男 モロッコ人トゥハーミの肖像』
Tuhami: Portrait of a Moroccan, 1980

大塚和夫,渡部重行訳,紀伊国屋書店,1991年

——実験的民族誌——

記憶・経験・出会い

「本書は一つの実験である」という一文ではじまるクラパンザーノの『精霊と結婚した男』(原題『トゥハーミ』)は,まさに人類学の批判と実験の時代を代表する民族誌だ。ひとりのモロッコ人男性の語りによって構成された作品は,民族誌のあらたなスタイルを切り拓くとともに,調査者-被調査者関係の再考を迫るものだった。

クラパンザーノは,ハーバード大学で哲学を学び,コロンビア大学の大学院で人類学の博士号を取得。アメリカ先住民のナバホの研究に従事したあと,モロッコのハマドゥシャというムスリム民衆教団の研究を行い,『ハマドゥシャ モロッコの民族的精神医学の研究』(1973)を刊行した。『精霊と結婚した男』は,彼のモロッコ研究の2冊目の著作だ。その後,彼はモロッコ研究にとどまらず,さまざまな人びとを研究対象にして,著作を発表してきた。アパルトヘイト体制下の南アフリカの白人を対象にした『待つこと 南アフリカの白人』(1985)。アメリカの原理主義キリスト教徒と司法での原意主義の分析をとおして,リテラリズム(直写主義・直解主義)を考察した『言葉に仕える 説教壇から法廷までのアメリカのリテ

ラリズム』(2002)。最新の著作には,アルジェリア独立戦争でフランス軍を補佐した民兵アルキのトラウマを描いた『アルキ　癒えることのない傷』(2011) がある。つねにユニークな対象をとおして,人間の経験の心理的・想像的な次元についての考察を深めてきた。

　『精霊と結婚した男』でも,記憶や経験が語られ,それを聞くという人類学の営みを批判的に問いなおす姿勢が貫かれている。これまで,人類学者は人びとの視界に入っていないかのように描かれてきた。人類学者が人びとと出会うとき,ある種の「交渉」のなかで現実がダイナミックに構成される。しかし,そのプロセスは民族誌から捨象され,人びとの暮らしが一方的に動きのない「絵画」としてテクストのなかに凍結される。異なる場面で同じような質問をくり返したり,回答を引き出すための工夫があったり,インフォーマントの信頼性を試す人類学者の戦略も存在する。それらの戦略をとおして,人類学者は調査対象者を個別特殊なものではなく,一般的で普遍的な対象とみなす。そして,相互の交渉の結果である「現実」を他者にだけ帰属するものとして客観化する。それは『文化を書く』でクラパンザーノがギアツを批判し,『実践感覚』でブルデュが構造主義を批判するときに問題にしたテーマでもあった。

語り／聞かれる「現実」の位相

　『精霊と結婚した男』は,アイシャ・カンディーシャと呼ばれる女の魔物と結婚したかわら職人トゥハーミのライフ・ヒストリーである。しかし,たんに彼の口から語られたことが「事実」として記述されるわけではない。むしろ,トゥハーミがみずからを語り,クラパンザーノがそれを聞くなかで,何かが表現され,両者の関係が変化していくこと自体がテーマとなっている。

序章では，まずトゥハーミが自分の生い立ちについて語った様子が記される。しかし，そのすぐあとで，クラパンザーノは「おそらく実際に起きたことではない」と付言する。それでも「なおざりにできないのは，それが自伝的としか呼びえない真実を語っているからである」。ライフ・ヒストリーは，従来，第三者が対象を客観的に分析する手法とされてきた。しかし，クラパンザーノは，ライフ・ヒストリーも，自伝も，ともに言葉によって自己を構成する自己創造の契機だと指摘する。それは，他者に認めてもらいたいという欲望の産物であり，語り手と聞き手のあいだに感情や記憶を喚起する。そこでは，両者の関係の理解が欠かせない。

　トゥハーミは，かわら工場の炉の近くの窓のない物置小屋にひとりで住んでいた。人びとは，彼がラクダの足をもつ気まぐれで嫉妬深い女の精霊と結婚しているために，畏怖をもちつつ距離をとっていた。クラパンザーノは，ハマドゥシャ教団の調査をしていたとき，アイシャ・カンディーシャのことをよく知る人物としてトゥハーミのことを紹介された。およそ8ヵ月あまりのあいだ，ふたりは週に一度は会って，調査助手の家で3〜4時間あまり話を聞いた。クラパンザーノは，調査助手であるラハセンの人柄からインタビューのときの様子まで，ふつうは伏せられる舞台裏を詳しく記す。最初は人類学者としての中立性をたもとうとして，なるべくトゥハーミに自分が望むように自由に語らせようとした。トゥハーミは，気楽に空想して自己を語り，しばしば現実と夢や空想を区別することは困難だった。頻繁に自己矛盾する語りは，彼が情報を精確に伝達することより，感情の喚起に関心を払っていることを示していた。

　トゥハーミにとって，アイシャ・カンディーシャは，ふつうの人とは異なってはいるが，現実的な存在だった。クラパンザーノは，

第4部 批判と実験の時代　151

当初，それを集団的に是認された精神性や葛藤の投影として分析するつもりだった。しかし，その存在はモロッコ人の世界では所与のもので，病気や異常事態によってくり返しその存在を確認され，慣用表現の構成要素にもなっていた。人類学者が，それを「社会過程」や「社会内での緊張」，「個人の葛藤」など抽象的な概念で分析するとき，それらはトゥハーミの語る精霊と同じ程度の「現実性」しかもたない。なぜなら精霊も説明のための概念だからだ。同じく，彼の語りに出てくる一般の登場人物も「現実的存在」として受け入れてしまうと，彼にとってそれらが隠喩的なものであることを理解できなくなる。こうして，クラパンザーノは，読者に自分がもつ「現実」に関する前提と説明の基盤から距離をおくように求める。

　トゥハーミは，およそ40代の半ばだった。女性たちのあいだでは，薬草や呪薬の調合にくわしく，聖者や魔物の話を知っていることで有名だった。彼の両親は農場労働者だった。トゥハーミが8〜9歳のころに，いま彼が生活しているメクネスという町に移り住んだ。それから間もなく，近くの採石場で働きはじめた父親が亡くなる。父とその家族とのつながりも，彼らが与えてくれる経済的・情緒的保護も失われる。「父が亡くなったとき，母はまだ若かったのです。人々から再婚を勧められて，母はそうしました。彼女の新しい夫は，私を決して受け入れませんでした。私は家を出ました。そして，マダム・ジョランというフランス人のところに職を求めに行き，そこで働き，寝起きしました」。彼は，家出したときの母親や義父への感情，そして職をえて自活しはじめるときの話を，その後，いく通りもの異なるストーリーで語った。あるときは，男に牧夫にならないかと声をかけられて，ある女性の家畜の世話をして1年半ほど暮らしたと語り，またあるときは，母が働いていたマ

ダム・ジョランのもとで親子だとは告げずに一緒に働いていたと語った。その後、母が死に、しばらくして祖父も死んで、彼は完全な孤児になった。トゥハーミは、当時、病気に苦しんでいた話を、いくつか矛盾する筋で語った。その語りは、困難な幼少時代を送ってきた彼自身が語りのなかで自己像を再構成するプロセスだった。

トゥハーミは、数々の女性との性愛についても快活に語る。だが、それも聞き手を楽しませるための創作だった。ただし、アイシャ・カンディーシャの夢について話す彼は、とても神経過敏になった。彼は夢のお告げにしたがって聖者の墓などを参詣するが、気を失って病院に運ばれることもあった。彼は夢のなかで男の精霊と戦っていた。アイシャは彼の味方だった。彼の話では、つねに男が敵で、女は保護してくれる存在だった。クラパンザーノは、こうした聖者や精霊などが夢や幻のなかで彼の「自己」を顕現させているという。トゥハーミの人生のかなりの部分が、自分とさまざまな聖者や精霊、その分身との関係を修正しようとする試みに明け暮れていた。

彼はもっとも効果的とされていたハマドゥシャ教団のトランスをともなう治療ダンスを受けなかった。クラパンザーノは、トゥハーミが植民地化の歴史のなかで弱まった伝統的な行動や信頼関係の犠牲者だとする一方で、「おそらく、彼は治療を望んでいないのだ」と述べる。「彼は、犠牲者であることによって、利益、副次的な利得をえている」。トゥハーミは、聖者や魔物といった慣習的用語法を用いることで、社会集団のなかで例外的な存在となった。彼は、多くの呪術や伝承を知っているため、参詣先ではいつも注目の的だった。彼の語りは、話し相手を介して、一時的に自分自身を騙し、自分の慣習的用語法に生気を与えようとする試みなのだ。それによって、彼は日常生活の拘束から解き放たれ、彼に特権を与える境界

的な世界へと足を踏み入れることができた。

　トゥハーミは，ハマドゥシャ教団のこと，精霊たちのこと，そして男女の性愛について語る。正確に言えば，クラパンザーノに執拗に問われて，ときに戸惑ったり，話を逸らしたり，誇張したりしながら，語りつづける。ふたりの話は，しだいに個人的な深い話になっていき，調査者と情報提供者(インフォーマント)という距離のとられた関係が崩れていく。そして，クラパンザーノは，すでにみずからが文化相対主義的な観察者ではなく，「治療者」になっていると自覚する。分析の焦点は，トゥハーミから，調査者として彼に関わりはじめたクラパンザーノ自身に移る。フィールドに入った民族誌家は，つねに自分自身が準拠する世界から分離され，他者的存在の可能性に直面する。人類学者は，対象を理解するという迂回路を通して，自分や自分の世界について学びつづけるのだ。

　本書は，トゥハーミの語りとクラパンザーノによる分析の章が交互にくり返されて構成される。読者は，人が自身について語るということ，そしてそれを聞き，疑問を問いただし，解釈するという人類学の営み，そこに結ばれる関係，それぞれの次元の距離や絡まり合いを立体的に感じとることができる。

〈語り〉の民族誌

　長い間，人類学は特定の社会集団を主語にして「かれら」の民族誌を書いてきた。そこでの個人は，匿名の存在で，せいぜい典型例のひとつにすぎなかった。しかし，しだいに『トゥハーミ』のように名前をもった個人の固有の語りを中心にすえる民族誌が書かれるようになる。マージョリー・ショスタック（1945-1996）の『ニサ』（1981）もそのひとつだ。カラハリのクン・ブッシュマンの女性の

語りによって構成された『ニサ』には，女性たちの日々の生活や思いが赤裸々につづられる。1963年以降，ハーバード大学で組織された調査隊によってリチャード・リーら複数の人類学者がクンについての調査を行い，研究成果を発表してきた。ショスタックは，調査に関わった人類学者から彼らの生活について話を聞いても，「クンのことがわかった」という気持ちになれなかった。人びとは自分のことや子ども時代のこと，両親や配偶者のことをどう思っているのか。嫉妬は感じるのか，結婚生活で愛情は保たれているのか，とくに女性たちは「女性であること」をどう考えているのか……。

ニサの言葉には，それまでの研究にはなかった血のかよった生／性が，そして，それを他者に語り聞かせることの喜びがにじみ出ている。「おわりに」には，4年後に再訪したショスタックが，ニサの話を本にして出版する承諾をえようとしたやりとりが載せられている。そこには人類学者と被調査者の埋めがたい非対称性に，人間どうしの出会いの心情的な次元が交差している。個人に焦点をあてた民族誌は，人類学者というひとりの人間の姿を浮かびあがらせる。

ヴィンセント・クラパンザーノ（Vincent Crapanzano, 1939- ）

アメリカ・ニュージャージー州グレンリッジ生まれ。現在，ニューヨーク市立大学大学院特別教授。本書以外に邦訳された著作はない。翻訳のある論考には，『文化を書く』所収の「ヘルメスのジレンマ　民族誌記述に潜む，隠蔽された自己矛盾」がある。

参考・関連文献

M・ショスタック『ニサ　カラハリ女の物語り』（麻生九美訳，リブロポート，1994年）

スティーブン・フェルド

『鳥になった少年　カルリ社会における音・神話・象徴』
Sound and Sentiment: Birds, Weeping, Poetics, and Song in Kaluli Expression, 1982

山口修，山田陽一，卜田隆嗣，藤田隆則訳，平凡社，1988年

──────共鳴する音と声の民族誌──────

ミュージシャンから人類学者へ

　音や声という研究領域に新風を吹き込んだスティーブン・フェルド。ミュージシャンでもある彼の代表作『鳥になった少年』(原題『音と感情』)は，構造分析や解釈学のあざやかな応用例であるとともに，批判と実験の時代にふさわしい革新的な試みにみちている。

　フェルドは，米ホフストラ大学で人類学を学び，ターンブルのもとでピグミー音楽の研究をはじめる。インディアナ大学の大学院に進学後，1976年からパプアニューギニア高地に暮らすボサビ人のカルリという集団でフィールドワークをはじめ，1979年に提出した博士論文をもとに本書を出版した。フェルドは，序文で調査をはじめたころの様子をつづっている。カルリの人類学的研究は，すでに1966年からシーフェリン夫妻によってはじめられていた。フェルドは，1972年にシーフェリンと出会い，彼らの録音したカルリの音楽に，すっかり魅了される。しかし，当時の彼は「学問の世界から遠ざかり，落ちこぼれていた」。大学院で学びながらも，学位をとって人類学者になるという将来像が描けず，ジャズ音楽家とし

て生計を立てていた。それでも，カルリの音楽を聴き直し，自分でもそんな音楽をやってみたい，理解したいという思いに駆られ，シーフェリンらのもとでカルリの調査に参加することを決意した。

シーフェリンの「弟」としてフィールドに入った彼は，スムーズに村人と関係を築き，調査を進めることができた。全50時間におよぶテープ録音を行い，500曲の歌，数時間分の泣き歌，多数の神話などを記録した。調査を終えるころには，カルリの詩と歌の形式になじみ，自分でも作曲するようになった。フェルドはつくった詩や歌を聴いてもらい，それが会話や質問のきっかけになったり，解釈をめぐる議論におよんだりした。この双方向的なインタラクションが，彼の民族誌に実験的なあたらしさを加えている。

カルリの人びとの日常にふれるなかで，フェルドは，人工的な音や自然の音，感情や情動，社会的エートスなどを結びつけるひとつのパタンがあることに気づく。とくにフェルドが関心をもった鳥，泣き，詩というカルリの3つの表現形態には，すべて「ムニ鳥になった少年」という神話が関わっていた。フェルドは，この神話と同じ形式で民族誌を書こうと考えるようになる。レヴィ＝ストロース流の神話の構造分析をしつつ，ギアツの解釈学的な立場からより現地での経験に沿った象徴の意味についての解釈を提示し，さらに伝達の方法やその社会的目的に焦点をあてたコミュニケーションの民族誌を目指す。まさに1970年代までの人類学理論の正統進化ともいえる民族誌だ。しかし，フェルドの1987年の論文「対話の編集 カルリが『鳥になった少年』をどう読んだか」を所収した日本語版には，既存の民族誌をさらに一歩こえた斬新さがある。

カルリの「鳥」をめぐる物語

　第1章は,「鳥になった少年」の神話からはじまる。男の子とその姉が小川にザリガニをとりにいく。姉はとれるのに,弟はまったくとれない。「おまえにはあげないよ」という姉に寂しい気持ちになりながら,男の子は小さなエビをつかまえる。握りしめた手をひらくと,手が真っ赤になる。エビの殻を自分の鼻につけると,鼻が紫がかった赤い色に変わり,両手は翼になる。姉が振り返ると,弟は鳥になっていた。「飛んでっちゃだめだよ」という姉の言葉に弟が答えようとすると,ムニ鳥の甲高い裏声のような鳴き声が聞こえてきた。姉が「ザリガニあげるから戻ってきて」と叫んでも,ムニ鳥になった弟は飛び去って,ひたすら鳴きつづけている。
　フェルドは,この神話に関わる民族誌的なテーマを7つにわけて分析する(①男,女,アデの関係,②食べ物,空腹,互酬,③喪失,遺棄,悲しみ,④鳥,⑤泣き,⑥詩,⑦歌)。カルリ社会には,男女の望ましい役割分担や養育の義務を意味する「アデ」という関係がある。「ムニ鳥になった少年」の神話には,姉弟というアデ関係の秩序を乱す振る舞いがあった。姉は自分のアデである弟に食べ物をあげなかった。食べ物を分け与えることは,カルリの基本的な規範である。食べ物を与えられずに感じる空腹と喪失感は,ひとりぽっちで見捨てられ,人間関係が断ち切られた孤独な状態をあらわす。それは死と同じく,人びとがもっとも恐れていることだった。姉が食べ物を与える義務を果たさなかったことで,人間の社会的絆が途切れ,その不安と恐怖から少年は鳥に姿を変えてしまったのだ。
　カルリの人びとは鳥についての豊富な知識をもつ。鳴き声を聞いて種類を同定し,居場所を正確につきとめることができた。彼らは,鳥の声から死者が鳥の姿で語る声を聞き取っていた。ムニ鳥(ヒメ

アオバト類）の甲高く，人の裏声に似た声は，悲しみやすすり泣き，歌をあらわし，とくに子どもが哀れっぽく乞い願ったり，面倒をみてほしいと訴える声として解釈される。お腹を空かせた幼児が母親を求めて泣いているイメージだ。フェルドは，カルリの詩歌の形式や旋律を分析し，「ギサロ」という歌の形式だけがボサビ起源で，ムニ鳥の旋律と同じ構造をもち，物語が語られるときに反復される「泣き歌」の音律構造とも一致していると指摘する。民族誌のなかに詩歌の楽譜が示され，細かな分析が加えられているところが，フェルドならではだ。

　つづいてフェルドは，7つの民族誌的テーマの構造分析を行う。各テーマは次のようなエピソードに転換される。①拒まれたアデ関係，②もらえない食べ物，③見捨てられた少年，④少年はムニ鳥になる，⑤ムニ鳥の声＝泣きの声，⑥ことばの組み込み＝詩，⑦旋律的な泣き＝歌。それらは，（A）誘発の系列＝①・②・③，（B）仲介の系列＝④，（C）隠喩化＝⑤・⑥・⑦というまとまりに統合される。（A）では社会的秩序の破壊とその結果を示し，（B）では脈絡を変えて次に起こることを準備し，（C）で（A）のエピソードの隠喩化がはかられる。（A）→（B）→（C）とたどることで，かなしみや喪失といった心のなかの感情が，泣き，詩，歌という音を通して，ムニ鳥という外界にある象徴的な事物へと関係づけられる。それは，レヴィ＝ストロースが神話のなかに社会的秩序としての文化と自然との鏡のような相同性を見出したのと一致する。旋律と詩という音のかたちは泣きと歌という表現様態のなかにあらわれ，喪失と遺棄の悲しみを象徴し，それを分かち合う隠喩的な手段として機能する。しかし，こうした構造は「始原的関係」にすぎない。より日常生活の体験の領域へと探りを入れる必要がある。

鳥の声の解釈

　フェルドは、カルリの鳥の分類と同定作業を何ヵ月もつづけた。あるとき、何かが鳴いて彼が質問すると、助手のジュビがすぐに言い返した。「きけよ。あんたにゃ鳥でも、おれにとっちゃ森の声なんだ」。彼は、分類項目を知識や現実と同列に扱う誤りに気づく。知識とは、何かそれ以上の「知覚されたものに形を与える方法、信仰体系を支える方法、行動と感情のガイド」なのだ。フェルドは、カルリの鳥に関する感情を、他の思考や行為の領域と混じりあう複雑で多層的な文化としてとらえようとする。そして2章で、カルリの鳥の分類体系を詳細に説明し、その生きられる現実を記述する。

　カルリは、季節や一日の事象のサイクルを鳥と関係づける。人間は、鳥の声で季節を感じるだけでなく、朝、鳥の声とともに起き、鳥が眠るときに寝る。社会的空間の区別にも鳥は重要だ。村の周囲の空き地に隣接した地域では、けっして鳥を獲らない。村の境の木で鳥が鳴くと、人びとは亡くなった友人や親類の霊の声として注意深く耳を傾ける。タブーや言い回し、まじない、隠喩、人名、色彩などにも鳥が深く関わる。しかも、その分類と隠喩をつなげている「鳥」は、しばしば「音」すなわち「鳴き声」を基準にしている。鳥の鳴き声は、「自分の名前を言う」、「騒音を出す」、「音を出すだけ」などと分類されている。人びとは、鳥の声をとおして、死と霊の反映である森を感じ、みずからの感情を隠喩化する。カルリにとって鳥をめぐる知識は、鳥に囲まれ、鳥の声によって活性化された世界での生き方を解釈するための信仰なのだ。

　3章以降では、カルリの詩や歌がさらに詳細に分析されていく。かつて民族音楽学では、音楽を記譜しない無文字社会には音楽理論がないとする考え方が一般的だった。フェルドは、儀礼の詩歌の旋

律やテクストの分析を通して，その音楽の産出と詩的コミュニケーションの根底に横たわる，ある種の「理論」を析出していく。彼は自分で作曲した歌をうたってみて，その反応から，カルリの歌の用語法と音楽形式が，滝の音や動きの用語法と体系的に関わっていることに気づく。録音したテープを聴いてもらい，その歌の背景やどんな感情を喚起したのかなど，彼らの「解釈」を引き出そうとする。フェルドは，そうした双方向のやりとりのなかで解釈を洗練させる。

　『文化を書く』が批判したように，従来，調査資料は人類学者の手によって特権的に収集され，解釈され，書かれてきた。日本語版に所収された「対話の編集」には，5年ぶりにフィールドを訪れたフェルドが『鳥になった少年』を人びとに読み聞かせたときの「対話」がつづられている。カルリの人びとは，フェルドの話を聞き，それを自分たちの以前の経験や記憶に押し戻す作業をした。いわば，フェルドによって一般化された話を個別具体的な出来事へと「裏返し」たのだ。さらに，フェルド自身のエピソードが省かれていることへの不満をもらす。彼らは『鳥になった少年』をひとつの「伝記」として読もうとした。そこで共有されている出来事が無視されたことに困惑したのだ。読み聞かせが進むうちに，フェルドの本自体が一種のメタ・ギサロ歌であるかのような反応を引き起こした。カルリたちはギサロ歌の章では大げさな嘘泣きをした。彼らの反応のなかにカルリのスタイルがにじみ出たのだ。『文化を書く』などの民族誌批判では，くり返し人類学者の特権的なテクスト制作への懐疑が投げかけられ，多声的な対話の重要性が提起された。しかし，その論者たちも含め，多声的な民族誌を実践した例は少ない。フェルドの『鳥になった少年』は，その先駆的な試みとなっている。

音と声の民族誌

　フェルドの独創的な民族誌は，音や声という人類学的テーマの可能性を広げる画期的なものだった。音や声については，日本の人類学者も優れた著作を発表してきた。なかでも，西アフリカの無文字社会の太鼓ことばや声の象徴性，声を発する主体／人称の他者化について論じた川田順造の『聲』(1988) は日本を代表する人類学者の名著だ。また本書の訳者でもある山田陽一と卜田隆嗣も音と声の人類学的研究を進め，山田はフェルドと同じニューギニアを対象とした『霊のうたが聴こえる』(1991)，卜田はボルネオをフィールドに『声の力』(1996) をそれぞれ著わしている。

　フェルドは，ボサビの音や歌をテープや CD の音楽作品として次つぎと発表してきた。1991 年には，その収益をもとに「ボサビ人基金」を設立し，油田開発や森林伐採など大きな社会変容を経験したボサビの人びととの関わりをつづけている。いまもフェルドの「対話」は終わっていない。

スティーブン・フェルド（Steven Feld, 1949- ）

　アメリカ・フィラデルフィア生まれ。現在，ニューメキシコ大学音楽学部教授。フェルドの音楽作品やボサビ人基金については，Web サイトを参照のこと（http://www.bosavipeoplesfund.net/）。

参考・関連文献
　川田順造『聲』（ちくま学芸文庫，1998 年）
　山田陽一『霊のうたが聴こえる　ワヘイの音の民族誌』（春秋社，1991 年）
　卜田隆嗣『声の力　ボルネオ島プナンのうたと出すことの美学』（弘文堂，1996 年）

ジョージ・マーカス,マイケル・フィッシャー

『文化批判としての人類学 人間科学における実験的試み』
Anthropology as Cultural Critique:
An Experimental Moment in the Human Sciences, 1986

永渕康之訳,紀伊國屋書店,1989年

──「表象性の危機」への挑戦──

変動する時代の実験的試み

 社会科学を支えてきた近代的な知への信念が揺らぐ時代にあって,人類学でもそれまでとは異なる手法の模索がはじまる。『文化批判としての人類学』は,その実験的な試みに光をあてた一冊。同年に刊行された『文化を書く』とともに,人類学の批判と実験の時代を先導する作品となった。

 『文化批判』の執筆当時,マーカスとフィッシャーはともにライス大学の人類学部で教鞭をとっていた。マーカスは1976年にハーバード大で,フィッシャーは1973年にシカゴ大で人類学の博士号を取得。ともに,気鋭の若手研究者だった。マーカスは,トンガでのエリートの研究を出発点にして,アメリカ・テキサス州の商業名家の研究など現代的な状況での民族誌の可能性を探究してきた。一方,フィッシャーは,ジャマイカやイラン,インドなどで宗教と社会変容についての調査をつづけるかたわら,映画や科学技術研究など幅広いテーマに意欲的に取り組んでいる。

 急激に変化する世界の社会的現実をなぜ,どのように表象し,記

述するのか。1980年代,「ポストモダン」といわれる潮流のなかで,人類学の方法論の柱となってきたフィールドワークと民族誌を書くという営み自体の意味が問われはじめた。マーカスとフィッシャーは,世界の相互依存や文化の交流が深まる現代世界において,人類学のあらたなスタイルの感性と書き方の必要性を強く意識した。彼らが重視したのが,あらたな文化批判の可能性である。

「われわれ自身の社会にあてはまり,しかも示唆に富む批判を提出すること,われわれ自身のやり方は多数のなかのひとつに過ぎないという自覚を深めつつ,他者の人間的可能性についてわれわれ自身の目を開いていくこと,われわれの生活の基盤となっており,しかもそれをもとにして異文化の人々と接触してしまう,日常的にはなんら異議をとなえられることのない暗黙の前提に少しでも意識して取り組むようにすること,〔人類学とは〕これらを実現するための新たな方法なのである。人類学とは,異なるもの(エキゾチック)を非情のまま集めていくことではなく,自己反省と自己成長のために文化的豊かさを用いることなのである」。未開社会の文化というエキゾチックなものへの好奇心にもとづく研究の時代はすでに終焉を迎えていた。

こうした試みの背景には,ギアツによって主導され,アメリカの文化人類学に大きな波紋を投げかけていた解釈学的な視点からの挑戦があった。民族誌は,科学的な知識を実証するために行われるのか,人文学の一分野として文化の解釈を提示するものなのか。マーカスとフィッシャーは,ともすればパラダイムの衝突としてとりあげられる論争的な立場からは距離をおき,より建設的な視点で人類学の新しいビジョンを示そうとする。

実験的民族誌の可能性

　文化人類学は，ふたつの面で西洋の読者を啓蒙しようと公約してきた。ひとつは，世界的に拡大しつつある西洋化の波から文化的に固有な生活様式を救出すること。もうひとつは，異文化をとおして西洋自身の文化批判を行うこと。しかし，ふたつの著作によって，これに大きな嫌疑を投げかける論争が起きた。ひとつはサイードの『オリエンタリズム』(1979)。非西洋社会の表象が一方的にゆがめられてきたことへの痛烈な批判が展開された。もうひとつは，フリーマンの『マーガレット・ミードとサモア』(1983)。幅広い読者に親しまれたミードの民族誌が誤謬や偏見に満ちていることを暴露した。これらの著作は，文化的他者についての人類学的知識の客観性や科学性を根底から覆す。この「文化人類学の窮地」に対して，人類学はどう対応をすべきか。『文化批判』は，窮地を克服する試みにその可能性を探る。

　人類学にとって乗り越えるべき最大の課題は，表象の客観性が疑問に付された「表象性の危機」だった。その「危機」はおもに解釈に対する哲学や文学の理論によって喚起された。とくにギアツの著作は，文化を記述し，書くことがどういう営みなのかを問うべき課題として焦点化した。マーカスらは，20世紀前半の社会理論や人類学の流れから，大理論の確立とそれへの批判の振り子のような動きをたどる。人間の科学としての人類学を目指した19世紀の壮大な企てから，特定の生活様式や社会構造を十全に記述しようとする20世紀前半の民族誌の洗練へ。そして，精緻な民族誌も，その認識論的な根拠が解釈学的な視点から批判される。「社会の自然科学」や「社会構造の研究」から「意味」「象徴」「言語」に観点が移行し，社会生活は意味の相互交渉としてとらえられるようになる。ギアツ

第4部　批判と実験の時代

の言葉を用いれば，それは「テクストとしての文化」である。

　文化の「解釈」は，観察する者だけでなく，観察されたり，相互に関わりあう者によってもなされる。そこでは「対話」がキーワードになる。「対話」には文化の内部と外部の二重のコミュニケーションがある。第一にフィールドワークの対話のなかで。第二に民族誌を書くときに人類学者と読者が対話できるよう第一の対話が組み直されるなかで。1970年代にはフィールドワークへの自己批判が真剣な議論としてはじまった。ポール・ラビノーの『モロッコのフィールドワークの省察』（1977）（邦題『異文化の理解』）など影響力をもった作品では，フィールドで出会う人類学者と文化的他者との対話が描かれた。それは文化内／文化間のコミュニケーションへと理論上の焦点が移ったことを示していた。

　さらに批判は，人類学が政治経済や歴史を無視してきたことに向けられた。植民地主義と人類学調査の結びつきの批判にはじまり，素朴な他者表象の虚構や政治性が露呈するようになった。現地の人びとが人類学者の研究を参照する「民族誌の逆流」といった状況も生じた。それまで西洋文明を批判するための強力なレトリックであったエキゾチックなものの説得力が失われ，異文化の視点が世界規模の政治経済システムに影響を与えるなど，誰も信じなくなった。

　マーカスらは，実験的民族誌を動機づける精神とはジャンルに対する抵抗であると論じる。それは，ある限定された正統的基準が復権することへの拒否である。その精神は最近の著作だけに限らない。文学的な意味で読者に強烈な印象を与えながらも，事実か虚構か判断できないとして民族誌とは認められなかったカルロス・カスタネダ（1925-1998）の『ドン・ファンの教え』（1968）などは，書き手や読み手がそれまでにない洞察を導くテクストの好例だ。現代では，

テクストに書き手が現われ，調査や書くプロセスについて顧みることが求められる。重要なのは，その内省をより洗練された目的にかなった民族誌の実践へとつなげ，文化的差異の表象という問いに見通しをつけること。それまでの「現地人の視点」の記述方法を改善し，より豊かに，より複雑に理解されるようなった人びとの経験を伝えること。そのためにも民族誌のジャンルを拡大しなければならない。それまで無視され，巧妙に隠蔽されてきた政治的な権力や経済，歴史的文脈の記述を取り込む必要性はそこにある。

　マーカスらは，こうしたジャンルをこえた実験的試みがみられる民族誌を紹介する。日本語で読めるものを中心にあげておこう。自分の出身国でもあるスリランカでの私的な心理的感情と公的な象徴とのつながりに焦点をあてたガナナート・オベーセーカラの『メドューサの髪』(1981)。本書でも紹介した，ひとりの個人の語りを中心にすえたクラパンザーノの『精霊と結婚した男』(1980)やマージョリー・ショスタックの『ニサ』(1983)，音や声の表現に美学的な考察をくわえたフェルドの『鳥になった少年』(1982)。これらの民族誌も対象への斬新なアプローチの試みだった。さらに政治経済の領域を民族誌にとりいれたポール・ウィルスの『労働を学ぶ』(1977)（邦題『ハマータウンの野郎ども』）は，イギリスの労働者階級の男子がどのような学校教育を受けて，工業生産の労働力になっていくかを描いた。現代社会の匿名的過程を生じさせる歴史・文化的状況，日常生活の行動様式や会話のマナーといった細部を探究するアプローチの先例となった。また「歴史を欠いている」というとらえ方への反論を展開したレナート・ロサルドの『イロンゴット族の首狩り』(1981)は，イロンゴットの社会形態は時間を欠いているわけではなく，構造的変化や歴史が社会にもたらす結果についての

彼らなりの意識をもっていることを示した。

　民族誌の表象への反省は，研究調査の自国への回帰という傾向をもたらした。かつての人類学は，異国的な他者を過度にロマン主義的／観念主義的に表象してきた。どこか遠い地域や時代ではなく，文化批判の対象となる「いま，ここ」の生活のなかにあらたな可能性や意味が示される必要がある。文化批判としての民族誌は，現実にある多様な可能性を明るみに出すことで，新たな選択肢をつきとめる。あたりまえと思われていた身近な現象にも，あらたな選択肢や可能性がある。彼らはとくにふたつの現代的手法，認識論的批判と間文化的並置を提起する。ともにわれわれが慣れ親しんだ現象の脱親和化を目指すものだ。ギアツが『ヌガラ』で最後に考察したように，周縁でえた洞察をもってヨーロッパ中心世界の固着した思考法や概念を大破させる。あるいは，ミードがサモアとアメリカの思春期を対置したように，見慣れたものを見慣れないもののなかにおいてショックを与え，常識を瓦解する。とくに前者の視点から自国で研究を行った例として，カルチュラル・スタディーズのレイモンド・ウィリアムズや科学技術研究のブルーノ・ラトゥールらの試み，あらたな医療人類学などの分野をあげ，後者の例としては付録につけられているマーカスとフィッシャーの進行中の研究が参照される。

実験的野心という精神

　まだ調査されていない未開な土地に赴き，現地の言葉を習得して，人びとの文化を記述する。『文化批判としての人類学』と『文化を書く』が出版されたあと，この人類学の典型的なスタイルをシンプルにくり返すことは不可能になった。現代の人類学にとって大きな転換を迫ったムーブメントだったことは間違いない。そして，人類

学の営みそのものに暗い影を落とした。しかし、『文化批判』が20世紀前半の人類学的研究を実験的な試みの源流として参照しているように、それは人類学的な方法論の根底からの否定ではない。人類学のなしうる可能性や魅力が減ったととらえる必要もない。かつて人類学が野心的な実験精神にあふれていたように、確立されたスタイルに安住せず、つねに実験的であれ。本書には、そんなメッセージが込められている。

ジョージ・マーカス（George Marcus, 1946- ）
マイケル・フィッシャー（Michael Fischer, 1946- ）
　現在、マーカスはカリフォルニア大学アービン校で、フィッシャーはマサチューセッツ工科大学で、それぞれ教授を務めている。マーカスの主著には『どんなときも民族誌』（1998）、編著に『批判人類学の現在』（1999）など、フィッシャーには『生活の創発的な形式と人類学的な声』（2003）、『沈黙する夢、盲目の梟、散逸する知識』（2003）などがあるが、いずれも邦訳はない。

参考・関連文献
　P・ウィリス『ハマータウンの野郎ども　学校への反抗・労働への順応』（熊沢誠、山田潤訳、ちくま学芸文庫、1996年）
　G・オベーセーカラ『メドゥーサの髪　エクスタシーと文化の創造』（渋谷利雄訳、言叢社、1988年）
　C・カスタネダ『呪術師と私　ドン・ファンの教え』（真崎義博訳、二見書房、1974年）
　E・サイード『オリエンタリズム（上下）』（今沢紀子訳、板垣雄三、杉田英明監修、平凡社ライブラリー、1993年）
　P・ラビノー『異文化の理解　モロッコのフィールドワークから』（井上順孝訳、岩波現代選書、1980年）

ジェイムズ・クリフォード，ジョージ・マーカス編

『文化を書く』
Writing Culture: The Poetics and Politics of Ethnography, 1986

春日直樹ほか訳，紀伊国屋書店，1996年

————ポストモダンの人類学へ————

民族誌をテクストとして読み解く

　『文化を書く』は，人類学がみずからの営みを批判の対象とし，従来のやり方に根源的な転換を迫ったポストモダン人類学の象徴となった論集である。『文化を書く』以前，以降と言われるほど，現代の人類学に決定的な影響と論争を巻き起こした。

　『文化を書く』は，1984年4月にアメリカ・ニューメキシコ州のサンタフェで開催された「民族誌を書くこと」をめぐるセミナーにもとづいている。議論を先導したクリフォードにくわえ，マーカスやフィッシャー，クラパンザーノ，アサド，ラビノー，ロサルドなど本書でも紹介する第一線の人類学者8人と歴史学と文学から1人ずつが集い，先鋭的な議論をたたかわせた。哲学，文学理論，歴史学などを交錯させながら，自明とされてきた民族誌の方法論，そして人類学のあり方を根底から問い直し，社会科学，文学，カルチュラル・スタディーズなどさまざまな分野に多大な影響を与えた。

　クリフォードの序論につづいて，9本の論文が並び，マーカスがあとがきを書いた。論者たちに共有されていた問題意識は，民族誌が政治的，認識論的な危機にあり，もはや西洋の人類学者が非西洋

の文化を権威的な立場から一方的に「客観的事実」として叙述することはできないということだった。

マーカスは,あとがきに次のように書いている。「本書の論文が生まれたサンタフェのセミナーの課題とは,民族誌が読まれ書かれうる様々な方法を示して,民族誌の実践に文学知識を導入することであった」。論者たちは,マリノフスキーやエヴァンズ＝プリチャード,ギアツらの民族誌をひとつの研究成果として読むのではなく,文学的なテクストとして,その書かれた政治的な背景や定型化されたレトリック,隠れた文学的構造を読み解くことに注力している。それは,まさに人類学者が民族誌を書くことの自明性や正当性を根底から問いなおす試みだった。

民族誌をめぐる政治性・文学性・歴史性

セミナーの議論を牽引したクリフォードの序論「部分的真実」を中心に紹介しよう（他の論考のいくつかは,関連する文献の章で言及している）。人類学者は,長期の参与観察を行うかたわら,つねに「テクスト（文章）を書く」ことをやめなかった。ただし,マリノフスキー以来,「民族誌」のなかでは「調査をどうやって行ったか」は書かれても,それを「どう書いているのか」は不問に付されてきた。クリフォードは,論集の意図を「文化の説明の人為的につくられた性格に光をあてる」と記す。

そもそも文化を記述する民族誌には「学際的現象」といえるほどの分野的な広がりが内包されている。歴史学的民族誌,文化詩学,文化批評,隠れた知識と日常的実践の分析,感情のヘゲモニー構造批判,科学共同体研究など,そのテーマもスタイルも幅広い。しかし,いずれにおいても「科学」の名のもとに巧妙に排除されてきた

「レトリック」「フィクション」「主観性」が関わっている。クリフォードは，それらを「偽り」として糾弾するのではなく，文化的・歴史的真実の部分性や構築性に注目することが重要だと論じる。

　この部分的真実／フィクション性は，一致しない多様な声を黙らせるためのレトリックとしてあらわれる。たとえば民族誌のなかでよくみる「現地の人が違うと言っている」という留保は，「違う」という「意見」を「事実」として扱うために用いられてきた。それは，多元的で混沌とした現実のなかに一定の理解可能性を生みだすための仕掛けでもある。『マリノフスキー日記』(1967)があきらかにしたように，精緻な民族誌は多様な欲望や混乱を除去したうえで参与観察という主観性と客観性の絶妙なバランスによって演出されてきた。それに対して，実験的民族誌では，その「断片」でしかない事柄を寄せ集めて出版する試みもなされている。

　民族誌をめぐる権力性／政治性という問題も無視できない。わかりやすい事例では，民族誌を書くための調査がしばしば植民地行政との関わりのなかで行われてきた事実がある。たとえば，エヴァンズ＝プリチャードのスーダンでの調査は，イギリスによるスーダン統治の文脈なくしては不可能だった。あるいは，北米のインディアン研究では，土地権を要求する訴訟といった先住民運動への支援なしに調査を実施することが難しい状況もある。クリフォードは，そうした政治性を批判するというよりも，そこでの民族誌の可能性を次のように表現する。「民族誌は，力の関係を舞台の上に引き上げて見せる。しかし，これらの諸関係における民族誌の機能はときに多義的で，そしてかなり反ヘゲモニー的にもなり得る」。重要なのは，人類学を研究の「対象」との関わりにおいて位置づけなおし，人類学者が担ってきた「語らない未開な他者の代弁者」としての特

権性が失われたことを自覚することなのだ。

　これらの議論の根底には，異文化を描写する「西洋」への不信の高まりがある。「真実」とみえるものは，社会コードや慣習によって限定された表現の組み合わせに過ぎない。解釈哲学者であれば，「最も単純な文化の説明でさえ意図的な創造であり，解説者は自分が研究する他者を通じて絶え間なく自分自身を形成していく」と表現するだろう。それに対して，「新しい歴史学は人類学を，ローカルな実践と制度的制約のもつれのなかで思考するものとみなすだけでなく，文化的問題に対する状況依存的な，ときには「政治的」な解釈として扱う」。ここには，客観的とされてきた「科学」を社会がつくりだしたひとつの仕組みとして分析する視点がある。

　もはや「文化」は一方的に記述される客体ではなく，「文化」自体が語る主体へと変貌をとげた。「書き手は，せめぎあうリアリティーを，多・主体的で，権力が埋め込まれていて，そして互いに一致しないものとして表現するさまざまな方法を探さなければならない」。つまり，「文化とはつねに関係性そのものであり，権力の諸関係において主体と主体との「間」に歴史的に存在してきたコミュニケーションの過程」なのだ。

　民族誌が「部分的真実」であれば，どんなテクストも現象の一部分しかあらわさず，「文化」が科学の対象ではないことになる。文化に対する見解は，歴史的に産出され，活発に競合しており，完全な全体像はありえない。全体的な解釈が可能な象徴と意味の統一体でもない。「文化とは競い合い，一時的で，不意に表れるものだ。文化の表現と説明は——文化の内からであっても，外からであっても——，文化の生成活動そのもののなかに示されている」。

　クリフォードが提起した視座は，次の言葉に凝縮される。「私た

ちは今や、事象を動く大地の上に置く。もはや我々には大地を上から眺めて、人間の生活様式を地図に描くような見晴らしのよい場所（山頂）もなく、そこから世界を表象するようなアルキメデスの点もない。山々は常に動いている。島でも同じだ。なぜなら、もはや人はそこから外界へ旅立ち、他の文化を分析できるような、はっきりした境界で仕切られた孤島のような文化世界をもちえないからだ。人間の生活は、互いにますます影響しあい、支配しあい、真似しあい、翻訳しあい、破壊しあっている。文化の分析は差異と権力の全世界的な動きのなかに、いつも放り込まれているのである」。

　マーカスは、原著から10年後に翻訳された本書に「日本語版に寄せて」を寄稿し、『文化を書く』とその後にわきおこった議論を振り返っている。論集は先駆的なテクストとして引用されつづけ、自分の立場や問題意識を表明するときの参照枠組みとして機能している。一方で、論者たちは自分の立場についての自省が不十分であるとか、文学研究者たちが自分たちの関心を帝国主義的に広げようとした、といった彼らが提起した視点からの反批判もあった。マーカスがより深刻だと指摘しているのは、『文化を書く』の実験的な試みをへても、フィールドワークや民族誌を書くといった実践にあまり変化がみられていないという点だ。マーカスは、その理由について、主流派が度を越した懐疑主義をおそれ、経験主義的な使命から人類学がそれていくことをおそれた結果、『文化を書く』の流れを受けた試みが「ポストモダン人類学」というラベルのもとで（軽蔑的に）一括され、狭い領域に封じ込められてきたためだと述べる。このマーカスの両義的な評価は、実験的試みが称揚される一方で、民族誌を承認する権威としてのアカデミズムの構造自体が維持されてきたことを示唆している。

人類学的批判精神のゆくえ

『文化を書く』は,人類学にとってひとつの「事件」だった。1990年代には,日本の人類学でも一連の議論を強く意識した研究が発表されるようになる。その議論の中心にいたひとりが,太田好信だ。彼は『トランスポジションの思想』(1998) で,日本の人類学者の民族誌や人類学の体制をクリフォードの視点をふまえながら批判し,大きな反響を呼んだ。アメリカの大学院で人類学を学びながら「ネイティヴ」として日本で調査することを求められた太田の視点は,アカデミズムの制度への強烈な違和感とそこでの発話のポジションへの自覚にねざしている。

西洋中心主義や支配的文化への批判精神をもとに活性化してきた人類学的な知の営みは,みずからにもその批判の矛先を向け,ジャンルの固定化や制度化に挑んできた。それでもなお,ゴドリエがポストモダンの極端な懐疑主義に学問の意義を対置させたように,批判と反批判の言説自体を再生産するアカデミズムという領域は,攻めるにせよ,守るにせよ,あるいは無視するにせよ,いまだに「砦」でありつづけている。

ジェイムズ・クリフォード (James Clifford, 1945-)
　現在,クリフォードはカリフォルニア大学サンタ・クルーズ校名誉教授。

参考・関連文献
　J・クリフォード『文化の窮状』(太田好信ほか訳,人文書院,2003年)
　太田好信『増補版 トランスポジションの思想』(世界思想社,2010年)
　G. E. Marcus and J. Clifford, The Making of Ethnographic Texts: A Preliminary Report, *Current Anthropology* 26(2):267-271, 1985.

レナート・ロサルド

『文化と真実　社会分析の再構築』
Culture and Truth: The Remaking of Social Analysis, 1989/1993

椎名美智訳，日本エディタースクール出版部，1998 年

——客観的真実から多様な境界域の社会分析へ——

文化の多様性を理解する重み

　現代アメリカを代表する人類学者レナート・ロサルド。批判と実験の時代に，彼もまた人類学を核心から再構成する必要性とその社会的責任を強く意識していた。

　ロサルドは，妻のミシェルとともに，フィリピンのイロンゴットで長期のフィールドワーク（1967〜69 年と 1974 年）を行った。彼らの中心的な課題は，「首狩り」という現象をどう理解するかということにあった。レナートは，『イロンゴットの首狩り 1883-1974 社会と歴史の研究』(1980) で，口頭伝承にもとづいて首狩りの歴史を再構成し，それが外部の政治状況と関連していることを示した。そして，ミシェルは『知識と情熱　イロンゴットの自己の概念と社会生活』(1980) で，首狩りへの情熱の由来をイロンゴットにおける自己の概念を再検討することをとおして考察している。

　夫妻がイロンゴットの調査を行っていた 1960 年代末，アメリカは，ベトナム反戦運動をはじめ，黒人差別を撤廃するための公民権運動など，さまざまな社会運動のうねりのなかにあった。1969 年にフィールドから帰国すると，レナートは大学でのメキシコ系アメ

リカ人（チカーノ）の運動に参加し，ミシェルは社会主義フェミニストの組織「パンとバラ」に加わって女性運動に情熱を傾けはじめる。ミシェルは，1971年に，フェミニズムの立場から人類学の変革を目指す研究会を組織し，『女性・文化・社会』（1974）という論集を発表した。しかし，ミシェルは，今後の活躍を期待されるなか，1981年10月，フィリピン・ルソン島で調査中に，崖からの転落事故で命を落としてしまう。

　レナート・ロサルドが『文化と真実』を書くに至ったきっかけのひとつにも，この妻の死があった。イロンゴットの男たちになぜ首狩りをするのかとたずねると，彼らはきまって「苦悩のためだ」と答える。苦悩から怒りがわいてきて，どうしても仲間である同じ人間を殺さずにはいられないのだという。死別の苦しみや怒りを発散するためには，狩りとった首を捧げ，投げ捨てるという行為が必要なのだ，と。ロサルドは，このイロンゴットの説明に納得できなかった。そして，より「深い」説明をするために，人類学の「交換理論」をもちだして，ひとつの近親者の死を別の首狩りの犠牲者の死によって相殺しているのではないかと，イロンゴットの年配の男性にたずねてみる。しかし，彼は「自分たちはそういうふうには考えない」と当惑した様子で答えるだけだった。

　西洋の視点からすれば，首狩りは野蛮でまったく理解不可能な行為にみえる。それでも，文化相対主義の立場では，それを簡単に不合理で未開な慣習だと切り捨てることはできない。ここで，ロサルドは，観察者が客観的に「文化」を記述・説明することの限界を痛感する。しかし，それから10年以上もたって，ミシェルを事故で失ったとき，突然，ロサルドはイロンゴットの「怒り」に近づいたことに気づく。彼は日記に次のように記した。「まるで悪夢をみて

いるような気分だ。わたしを囲む全世界が膨らんだり縮んだりして，視覚的にも感情的にもあえいでいる……わたしは苦しみにあえぎ，すすり泣くが，涙は出ない」。この涙のでない喘ぎ泣きが，怒りのひとつのかたちだった。その怒りにたびたび襲われながら，彼は人類学の論文に再びとりかかるのは「首狩り族の悲しみと怒りについて書くことによってだ」と誓いを立てた。それが『文化と真実』の序文「首狩り族の苦悩と怒り」となった。ロサルドは「これは服喪行為であり，個人的な報告であり，そして人類学の方法を使った批判的分析でもある」とつづる。

境界域の文化の分析へ

　文化人類学の民族誌も，死について記述してきた。しかし，それはあくまでも「死別」ではなく，葬送の「儀式」に注目するものだった。そこでは，死をめぐる強い感情は主観的な出来事として捨象され，死は，せいぜい超然とした観察者の視点から社会構造を明らかにする事例に過ぎなかった。こうして「感情」は，民族誌のなかから周到に排除されてきた。

　イロンゴットの首狩りでは，襲撃者は犠牲になる者の魂を呼び出し，儀式としての別れを命じる。男たちは待ち伏せ場所まで用心深く移動し，偶然そこに通りかかる最初の人を待つまでに要した何日間あるいは何週間も耐え抜いた飢えと喪失感を振り返る。そして犠牲者を殺害すると，その首を空高く投げ捨てる。この投げ捨てる行為によって，自分の悲しみのなかの怒りや人生のさまざまな苦悩を拭い去るのだ。首狩りによって，襲撃前はまるで木にツタがからみついて苦しみで重くがんじがらめになっていたのが，足どりも軽く，血色もよくなるように感じる，と彼らは語る。

ロサルドは，この首狩りに 3 つの過程が関わっていると分析する。まずは首狩りの襲撃が行われる可能性が歴史的な条件に左右されているということだ。首狩りは，第二次大戦の日本軍の占領やイコンゴット内部での確執，1972 年の戒厳令など外部の政治状況によって頻繁に起きたり，まったく不可能になったりする。そして，2 つめは，青年期に達する若者が長期にわたって経験する苦悩と関わっている。若者は，生家を離れ，よそ者として妻の家庭に入るという精神的苦痛をともなう疎外感に苛まれる。そして，いつも首を狩りたいと熱望する。3 つめは，年配の男性は若者とは違う苦悩を経験しているということ。それは断続的におこる喪失感からくる激しい苦悩だ。年配の男たちは近親者が亡くなると禁欲の誓いを課し，首狩りが成功するまでその禁を解くことはない。そこには，妻がほかの男と駆け落ちしたといった社会的な死も含まれ，抗しがたい喪失感から怒りが起こり，襲撃への欲望をかきたてる。こうした理解は，神秘的な死者の霊を得るため，あるいは自分の名声をあげるためといった一般的な諸説よりも説得的だと，ロサルドはいう。
　ロサルドは，首狩りの理解から，儀式が長期にわたる一連の多くの過程をたどる軌道の点にすぎないとして，さまざま人生の過程が交差する交差点のイメージを提起する。そして，一貫性のあるパターンからなる統一体としての文化の概念を批判し，文化を，さまざまな過程がその境界線の内部からも外部からも縦横に行き交う透過性の高い交差点の連続ととらえるべきだと主張する。客観性や中立性といった言葉は，制度的に権威づけられた主体の位置をさしているにすぎない。分析の対象となる客体は，いまや人類学者などの分析者を批判的に問いなおす主体でもあるのだ。
　ロサルドは，ベネディクトの『文化の型』にふれながら，文化を

第4部 批判と実験の時代　　179

ひとつの統一体として客観的なパターンを描きだすことの限界を指摘し，むしろ文化内や文化間の差異の領域，あるいは文化的境界領域に目を向けることの重要性を提起する。そこには，ロサルド自身が，メキシコ人の父とはスペイン語で，母とは英語で話しながら育った環境も関係している。そして，誰もがジェンダーや世代，人間関係の差異など，社会的な境界を日常的にのりこえていることに注意を向ける。

　文化研究とは，人間の世界を自然の冷厳なる永遠の真実としてではなく，歴史的，政治的過程を通して構築されたものとしてみることである。ロサルドは，社会分析の役割が，文化的な事実を自然なものにみせているイデオロギーを解体することだと論じる。『文化と真実』のなかで紹介されている事例で印象的なのは，ロサルドがイロンゴットの友人に自分がベトナム戦争の徴兵検査で適格とされたと告げたときのエピソードだ。イロンゴットの仲間たちは，すぐにベトナムで戦うべきではない，自分たちの家にかくまってやる，と申し出た。そして，「どうして人間が兵士のように振るまい，自分の兄弟に戦線に行けと命令することができるのだろうか」とたずねた。自分の仲間に生命を危険にさらすような命令をすることは，彼らの倫理観ではとうてい理解できないことで，その徴兵制度の「野蛮さ」を厳しく批判したのだ。この言葉を聞いて，ロサルドは「自分のいる文化的な世界が突然グロテスクなものにみえて」，「首狩りについて清い者が汚れた者に話すように語ることができなくなった」という。このエピソードは，まさに他者によるわたしたちの記述からどう学ぶべきかという客体の主体的位置を確認するものであると同時に，民族誌家と対象社会の人びととの対話という文化的な境界領域に生じた語りの形式でもあった。

教育的民主主義をめぐる闘い

『文化と真実』でロサルドが客観主義批判の問題に取り組んだ背景には，アメリカの高等教育が直面していた「文化」の問題への強い使命感があった。1993年版の序文には，その思いが赤裸々に記されている。「『文化と真実』において必要を迫られた社会分析の再構築は，根本的には，教育機関やその構成員の社会的な関係を再構築しようとする，そうした闘争に啓発されたものであった」。

1980年代後半，スタンフォード大学では，黒人や先住民などマイノリティへの「アファーマティブアクション（積極的差別是正措置）」を進めた結果，白人の入学者が減り，有色人種の学生とほぼ同数になった。多くの学生たちに「西洋文明」の教養が欠けているという教授陣があらわれ，ホメロスやシェイクスピアなど伝統的なヨーロッパの名著を必読文献とする必修科目が開設された。ロサルドは，自然科学などの客観主義者たちが，西欧文化の偉大な作品を称揚する「記念碑信奉主義者」の人文学者と連携を強め，大学の政治的な力を強めていることに皮肉をこめた批判を投げかける。

そして，あくまでも大学という高等教育の場にさまざまな文化や価値をもった多様性が確保されることを提起する。意志決定の場に立場の異なる多様な者が多くいればいるほど，決定の過程には時間がかかり緊張が高まるだろうが，その決定は幅広い支持をえるだろうし，より大きな効果を発揮できる。そして，教室のなかに人種，民族，ジェンダー，性的志向などの多様化がなされることで，かつての特権と権威を独占していた場に変化が訪れる。従来通りの講義ノートを書き換えようとしなかった教師は，自分の言葉が新しい意味を担ったことを知り，新しい教授法がはじまる。もはや教師が知識を独占しえず，自分の学生の話をより注意深く聞くことが促され

る。その境界領域の対話の場から、あらたな研究プロジェクトの萌芽が生まれるのだ。

　こうした大学教育の民主化の議論のなかで、ロサルドは人類学者のはたすべき責務に目を向ける。ボアズの多文化主義の伝統をこえ、階級や性差、性的志向といった人間の多様性にねざした共同プロジェクトに対等なパートナーとして取り組むべきだ。文化という人類学の概念は、すでに幅広く普及し、さまざまな分野で使われ、その姿を変えてきている。文化と権力は、世界においても、教育現場においても絡み合ってきて、さまざまな多様な集団間の相互作用を起こしている。ロサルドの問題意識は、人類学の研究課題が構造の調査から構造と作用の両方の相互作用を探求する実践理論へと移行したことを象徴している。

レナート・ロサルド（Renato Rosaldo, 1941- ）
　スタンフォード大学人類学講座の主任教授を務め、同大学のチカーノ研究センター所長、アメリカ民族学会会長、ニューヨーク大学人類学部教授を歴任。最近の共編著に『東南アジア島嶼部における文化的市民性』(2003)、『グローバリゼーションの人類学』(2001) などがあるが、翻訳はされていない。

参考・関連文献
　清水展「首狩の理解から自己の解放へ　ロザルド夫妻とイロンゴットの交感」『メイキング文化人類学』（世界思想社、2005年）
　R・ロサルド「テントの入り口から」『文化を書く』（紀伊国屋書店、1996年）
　M・ロサルド「女性・文化・社会　理論的外観」『男が文化で、女は自然か？　性差の文化人類学』（晶文社、1987年）

第5部

新世紀の人類学へ

　批判と実験の時代をへて，人類学が論じるテーマや対象は大きく拡大した。もはや人類学は，非西洋の「未開社会」についての学問ではない。近代性，学習，バイオテクノロジー，グローバリゼーション，世俗主義，ネオリベラリズム……。つねに相対化の対象だった「西洋近代」が研究の直接の対象となった。同時に，人類学が闘いを挑むべき相手も，より複雑で強大になった。調査手法の柱だった「フィールドワーク」の位置づけも変化してきた。人類学は，みずからの定義自体を更新しながら，なお根底にある批判精神を貫きながら，分野横断的な言論空間に再参入している。草創期の人類学がそうであったように，自分たちが生きる社会／世界に真摯に向き合うなかで，人類学のあらたな可能性が開かれつつある。

ブルーノ・ラトゥール

『虚構の近代　科学人類学は警告する』
Nous n'avons Jamais Été Modernes: Essai d'Anthropologie Symétrique, 1991

川村久美子訳, 新評論, 2008 年

──「非近代」の人類学──

科学人類学の先駆者

　現代フランスを代表する人類学者として, ブルーノ・ラトゥールは科学技術研究やアクターネットワーク理論など, さまざまな分野に影響を与える斬新な研究を次つぎに発表してきた。なかでも『虚構の近代』(原題『われわれはけっして近代ではなかった』) は, 27 カ国語以上に翻訳される世界的ベストセラーとなった。

　ラトゥールは, 1972 年に哲学の教授資格を取得後, アフリカのコートジボワールを訪れたことが契機となり, 人類学への関心を深めた。彼は, 現地のアビジャン大学で教鞭をとるかたわら, フランスによる産業技術教育についてのフィールドワークを行う。そして神経内分泌学を確立したロジャー・ギルマンとの出会いが, 彼の科学技術研究への道を開いた。ギルマンはラトゥールと同じブルゴーニュ地方出身で, 当時, カリフォルニアのソーク研究所で研究に従事していた。ギルマンは, 実験室に関する民族誌的調査を受け入れ, ラトゥールらは 1975 年から 2 年あまりにわたって研究所の内部に入り込み, 科学者の「生態」の緻密な観察をつづけた。その成果は, ギルマンが同僚のアンドリュー・シャリーとともにノーベル生理

学・医学賞を受賞した2年後，スティーブ・ウールガーとの共著『実験室の生活　科学的事実の社会的構築』(1979)（1986年の第2版の副題は「科学的事実の構築」に変更）として発表された。彼らの研究成果は，それまでの常識を覆す画期的な「科学」の人類学的研究として，大きな注目を集めた。ラトゥールは，つづいて19世紀のフランスの科学者ルイ・パストゥールによる細菌研究についての歴史的調査を行い，科学者という「人間」と細菌という「非人間」とを対称的な（主体と客体の区別がない）連関としてとらえるという視点を提起した（英語の改訂版が1988年の『フランスのパストゥール化』）。さらに『科学が作られているとき』(1987)でも，科学的な「発見」に至るプロセスが綿密に検討され，科学の対象となるモノ（自然）とそれに関わる人（社会）とを二元論的に切り分けることができないと論じた。

　こうした人間（社会）と非人間（自然）とが対称的なネットワークを構成しているという視点が，パリ国立高等鉱業学校の同僚であったミシェル・カロンらとともに提唱したアクターネットワーク理論の土台にもなった。このラトゥールの思想の体系が「近代」を軸にあざやかに論じられているのが『虚構の近代』である。

近代／前近代から非近代へ

　ラトゥールの近代論が注目されたのは，従来の単純な近代／前近代という二分法を刷新したことにある。彼は，近代化をとげてきたとされる西洋社会でも分離されたはずの社会と自然，人間と非人間とがネットワークのなかで混合していると論じた。この「ハイブリッド」という状況においては，じつは近代も前近代も変わりがない。つまり「われわれはけっして近代ではなかった」のだ。

ラトゥールは「近代」という用語にふたつの実践が含まれていると論じる。ひとつは「純化」というプロセスで、人間と非人間、文化と自然という独立した領域を生み出す。これは近代論者の立場で、つねに客観的に存在する「自然」、予測可能な利害関心をともなう「社会」、参照対象や社会から独立した「言説」の3つに整然と切り分けられる。ふたつめは「翻訳」ないし「媒介」というプロセスで、自然と文化が混ぜあわされ、まったく新しいハイブリッドがつくりだされる。これは「純化」によって分離されたはずの要素がネットワークのなかで連結していく事態を指している。

　この純化と翻訳は、互いに支えあう関係にあり、純化が行われるためには、たえず水面下で翻訳が進行していなければならない。人間と非人間とを切り分ける二分法の水面下に、それらの二分法を活性化するハイブリッドのネットワークという第二の二分法が存在する。そこでは、ハイブリッドであるという認識を抑制すればするほど、つまり純化された第一の二分法を自明なものとすればするほど、ハイブリッドな交配が増殖していく（その例としては、凍結胚、エキスパートシステム、センサー内蔵ロボット、向精神薬、レーダー発信器装着のクジラなどがあげられる）。それは、近代論者が、いつまでたっても理念とする純化された「近代」に到達できないことを意味する。それが「近代のパラドクス」なのだ。

　人間と非人間の分離、水面上で起きている純化と水面下で起きている翻訳の分離、この近代人が堅持してきた二重の分離を定義するものをラトゥールは「憲法」と呼ぶ。この「憲法」は、ハイブリッドを集積させる「翻訳／媒介」の働きを覆い隠す。ただし、その裏では、ハイブリッドの生産が着々と進められている。「憲法」は、自然界と社会的世界との完全な分離を規定しながらも、同時に社会

を維持するために何の制約もなしに自然を大規模に動員し、それを人間化／社会化することを可能にしているのである。

いまだ表向きの「憲法」に則った近代が存在したことはない。つねに「憲法」の枠組みを逸脱する媒介が作動していた。「近代」が拡大に成功したのは、自然と社会とを注意深く分離したからではなく、じっさいは人間と非人間とを大規模に混合し、どんな組み合わせも排除しなかったからである。この近代人をまえに、人類学が対象としてきた西洋以外の「異文化」も特定の役割を担わされてきた。

近代人は、自分たちと前近代人とのあいだに「大分水嶺」が存在すると考えている。前近代人は、近代人から、モノと人、物体と記号を混合すると非難されてきた。「近代」はそれを克服し、その分離を成功させた時代となる。こうして、前近代人は非対称な時間軸のなかで過去という停滞のなかに取り残される。近代人がハイブリッドを無視することで極限まで増殖させてきたのと対照的に、前近代の人びとは、ハイブリッドに注意を向けつづけることで、その増殖を抑えてきた。「前近代人は、概念的世界を、神、人間、自然の三つを結ぶハイブリッド（異種混交）で満たそうとする。そうすることで、現実には三つの混合がどんどんと拡がるのを抑止する」。

「憲法」によって社会の秩序と自然の秩序との分離が保証されているため、近代人には自然と社会が混じりあうことで生じる「怪物」は表向き存在しない。このハイブリッドの生成に無自覚であることが、さらなる混合の増殖を促す。一方、前近代人は、媒介による障害としての怪物を可視化し、思考の対象とすることで、その増殖を抑えてきた。その営みは、人類学者が民族誌のなかで、神話からエスノサイエンス、系譜、政治形態、技術、宗教、儀式まで、「自然 - 文化」を連続線上で描いてきたことと重なる。しかし、前

近代のハイブリッドな世界を記述してきた人類学者も,母国に戻ると,西洋社会の現象をひとつのネットワークとして,自然,社会,言説をともに統合して分析の俎上にのせようとはしない。人類学者も結局のところ近代人だからだ。

そこでラトゥールは,「非近代」という,もうひとつの立場を提唱する。「憲法」が禁ずるものと,許しているものをたどり,ハイブリッドの生産と純化の仕事を詳細に分析することで,近代人であるという偽りの自己意識を返上する。それは,モノが連関しあうネットワークを経験主義的に探究することに他ならない。ラトゥールは,水平軸で表す純化の実践に,垂直軸で表す媒介の実践をくわえる。水平軸と垂直軸の二次元を用いることで,ハイブリッドとしての「準モノ」を位置づけ,その軌跡をたどることが可能になるという。それが非近代人の立ち位置だ。

対称性の比較人類学

ラトゥールは,自然と社会という純粋形から現象へと向かうのではなく,中心の媒介からその両極の自然と社会へと説明様式を逆転させる「コペルニクス的反転回」を提唱する。この「反転回」によって,対象と主体は準モノや媒介の実践という「集合体」の周囲を回り,そこから純化の結果としての自然や社会,人やモノが生み出される。それが,近代がないものとしてきた「中央王国」の姿だ。

非近代の視点にたつ人類学が準モノの軌跡のすべてを結びつけられるためには,自然と文化をともに研究対象に入れなければならない。そして,「真実は自然によって説明される/虚偽は社会によって説明される」という非対称性から脱し,「自然と社会は後から説明される」という対称性を確保する必要がある。さらに,西洋とそ

の他の民族／文化とを断絶したものとしてとらえる近代人の視点も克服しなければならない。対称的な非近代人の視点からは，近代人も前近代人もつねに自然と社会を混合させることで集合体をつくりだしている点で変わるところはない。

　ラトゥールは，こうして，自然を相対化の対象に含め，自然－文化の組み合わせを比較していくという比較人類学を提起する。ただし，ここですべての差異を同列に扱うことにも注意が喚起される。相対主義のように，「すべての相違を同じように扱うことで，相違そのものを解消してしまう」からだ。文化相対主義は相違を無視する過ちを犯し，普遍主義は相違をまとめて大分水嶺とする過ちを犯した。比較人類学は，自然や社会といった本質からではなく，連鎖，プロセス，関係という進行中の不確定な実存から出発する。「本質そのものに代えて，本質に意味を与えている媒介者，代理人，翻訳者を導入すれば，世界は近代であることを停止する」。そこから普遍主義と文化相対主義の対立を乗り越えることが目指されるのだ。

あらたな人類学の可能性へ

　ラトゥールの先駆的な研究は，従来の人類学を根底から刷新するものとして，大きな影響を与えてきた。現代イギリスを代表する人類学者のマリリン・ストラザーン（1941- ）も，ラトゥールの近代論や対称性の人類学に共鳴した議論を展開している。ストラザーンは，近代のハイブリッドにおいて知的財産権という新しい権利主張が増大するなかで，ネットワークが切断されていく事態を描く。たとえば，1987年にカリフォルニアの企業がC型肝炎のウィルスを発見した例では，企業に検査手法の特許やウィルスの遺伝子配列への権利が認められた。人間の細胞が所有可能になるというハイブリ

ッドな状況において，最初に遺伝子細胞を提供した人は，実験室でつくられて特許が認められた DNA に所有権を主張できない。いかなる発明／発見も科学コミュニティの知識への貢献が積み重なった長いネットワークがあり，「特許」はその一部を切断している。

　ストラザーンは，こうした西洋における知的財産権をめぐる動きを，メラネシアの「賠償」や「婚資」といった親族関係をめぐるモノのやりとりのネットワークが制限されることと比較し，ネットワークやハイブリッドの増殖を抑制する作用に注目する。まさに近代と前近代の事象を対称的に並置し，比較することで，それまでの人類学の構造的な非対称性の限界を乗り越えようとしている。ラトゥールの研究やそれに刺激を受けた多くの研究が，21世紀の人類学のひとつの可能性を開きつつある。

ブルーノ・ラトゥール（Bruno Latour, 1947- ）
　フランス・ボーヌ生まれ。1982 年からパリ国立高等鉱業学校で教授を務めたあと，2006 年にパリ政治学院に移り，同学院副学長も務めた。彼のウェブサイト（http://www.bruno-latour.fr/）には詳細な著作リストが掲載されている。邦訳されている著作には，『科学論の実在　パンドラの希望』『科学が作られているとき　人類学的考察』『細菌と戦うパストゥール』『法が作られているとき』などがある。

参考・関連文献
　松村圭一郎「所有の近代性　ストラザーンとラトゥール」春日直樹編『現実批判の人類学』（世界思想社，2011 年）
　H. Lowood & S. Sussman, Bruno Latour: Biography, Stanford Presidential Lectures, 2003.（http://prelectur.stanford.edu/lecturers/latour/）
　M. Strathern, *Property, Substance and Effect: Anthropological Essays on Persons and Things*, Athlone Press, 1999.

ジーン・レイヴ, エティエンヌ・ウェンガー

『状況に埋め込まれた学習　正統的周辺参加』
Situated Learning: Legitimate Peripheral Participation, 1991

佐伯胖訳, 産業図書, 1993年

──実践共同体の学習理論──

社会的実践としての「学習」

　1980年代以降, 人類学の研究対象は大きなひろがりをみせはじめた。レイヴとウェンガーの『状況に埋め込まれた学習』は, 教育学や心理学, 認知科学などの分野横断的なテーマに対して, 人類学の研究が有意義な貢献をなしうることを示した重要な著作である。

　レイヴは, 1968年にハーバード大学で社会人類学の博士号を取得後, カリフォルニア大学のアーバイン校とバークレー校で人類学を教えてきた。ブラジルの先住民コミュニティや西アフリカの仕立屋の徒弟制などを対象にフィールドワークを行い, 社会的実践や学習, アイデンティティといった研究を行っている。一方, スイスのフランス語圏出身のウェンガーは, 香港でフランス語教師をしたあと, ジュネーブ大学でコンピューター科学を学び, 渡米。カリフォルニア大学アーバイン校で人工知能の研究をはじめ, 1990年に情報・コンピューター科学の博士号を取得した。

　ふたりは1988年, 同じカリフォルニア州パロアルトの学習研究所で研究に従事していた。研究所内の分野を超えた読書グループでの議論から彼らの「正統的周辺参加」という学習理論を刷新する概

念が生まれる。それは、学習を個人の頭のなかだけのプロセスではなく、特定の実践共同体への参加という枠組みにおいてとらえる斬新な理論だった。

このレイヴらの学習理論は、ブルデューが身体に刻まれる傾向性として概念化したハビトゥスの実践理論をさらに発展させた。人はどのように社会的実践としてのハビトゥスを身につけ、熟練させていくのか。ブルデューの議論では、おもにハビトゥスが身についている状態での構造との関係が論じられており、そもそもハビトゥスが身体化されるプロセスがどのように生じるのか、明確に議論されていなかった。この重要かつ困難な人類学的問いに対して、レイヴがリベリアで行った仕立屋の徒弟制の調査からヒントをえて、実践共同体への参加という理論が精緻化されていった。

状況的学習と正統的周辺参加

レイヴらは、「状況的学習」の説明からはじめる。それは彼らがモデルとした徒弟制の学習形態をより包括的にとらえるための概念だった。「状況に埋め込まれている」とは、人びとの思考や行為が時間・空間内に位置づけられているとか、狭い意味で社会的であるというわけではない。ある種の活動は状況に埋め込まれていて、別の活動は違うといったことでもない。むしろあらゆる活動は状況に埋め込まれている。それは、知識や学習が関係的であり、意味が交渉でつくられ、学習活動がそこに関わった人びとの関心を焦点化しているといった彼らの議論を支える基本的な考え方であった。

従来の学習に関する説明では、知識が内面化されると考えられてきた。レイヴらは、それを実践共同体への参加の度合いが高まる過程とみなした。ブルデューらによって理論化された社会的実践の理

論は，行為者や世界，活動，意味，認知の関係論的相互依存性を強調してきた。そこでの学習は，社会的・文化的に構造化された世界の人びととの関係にねざしている。つまり，学習という認知とコミュニケーションはつねに歴史のなかに位置づけられ，世界の意味についての状況に埋め込まれた交渉と再交渉にもとづくのだ。こうした社会的実践としての学習は，全人格を巻き込んだ社会的共同体への関係づけを意味する。人びとは，十全的参加者になること，一人前になることを目指し，共同体の関係の体系をとおして別の人格やアイデンティティを手にする。アイデンティティ，知ること，社会的成員性は，互いに互いを規定し合っている。「正統的周辺参加」は，実践における技能熟練というアイデンティティの発達と，実践共同体の再生産や変容の両方に関わる共通のプロセスなのだ。

学習と参加のプロセス

では，具体的に徒弟制モデルをとおして，そのプロセスをたどってみよう。徒弟制の実践共同体には，徒弟と徒弟をもつ若い親方，その親方を徒弟とする大親方といった関係のセットがある。このとき新参者と古参者のあいだには根本的な矛盾がある。新参者が十全的参加に近づき，実践共同体が再生産されることは，同時に古参者の交代も意味する。この競合的関係は，生産の組織においても，アイデンティティの形成においても，緊張を高める働きをもつ。つまり学習とは，たんなる知識の移転やそれへの同化のプロセスではなく，ある種のコンフリクトをはらんだものとなる。そうしたダイナミックな営みのなかに，実践を構成し再構成している社会構造の歴史的痕跡が残されているのだ。

レイヴらは，徒弟制モデルを産婆，仕立屋，操舵手，肉屋，断酒

中のアルコール依存症者の5つの事例から記述していく。彼らはくり返し，正統的周辺参加が徒弟制モデルのたんなる一般化ではないと注意を促す。徒弟制の形態も，それらが日常生活に統合されている度合いもさまざまで，関係のあり方も異なっている。たとえば，メキシコのユカタンの産婆は，徒弟のほとんどが娘で，技能は家族のなかで伝承される。一方，リベリアの仕立屋では，親方と彼の家族に加えてもらい，わざを仕込んでもらうよう交渉する。さらに産婆にとって徒弟制は日常生活に不可分にとりこまれているが，仕立屋の場合，徒弟制に入る前に公式の協定で合意する必要がある。操舵手は，海軍に入るために家を離れ，教官や将校，下士官とともに2〜3年でその制度機構の一部となる。肉屋の徒弟は組合に加入し，職業学校に入れられる。彼らはスーパーで職場内訓練を受け，そこで肉屋の親方や職人から肉のカッティングを教わる。アルコール依存症者たちは，組織に加入し，集会に参加し，その会員としての活動を通して特定の自己像をもつようになる。操舵手も肉屋も，訓練プログラムを通して免許を受ける。アルコール依存症者たちは，組織への献身と明確に規定されたステップをへて「清め」を受ける。

　産婆や仕立屋の例からは，熟練者が教えることや公式の意図的な学習よりも，成員であるための手段や成員性の根拠へのアクセスが中心的なのがわかる。徒弟たちは，熟練者が実践共同体で具体化している「ああいう人たちになること」を目標とする。そこで暗黙のうちに前提にされているのは，熟練というアイデンティティの獲得なのだ。産婆にしても，操舵手にしても，特定の親方－徒弟の関係で学習しているわけではない。アルコール依存症者組織への新参者は，特定の古参者と特別な関係をもつが，これらの関係は活動に参加する条件ではない。対照的に，仕立屋の徒弟は，ふつう親方と特

別の関係をもっており，徒弟が共同体の生産活動への参加に正統的にアクセスするには，まず親方に保証人になってもらうことが条件となる。一方，産婆が学ぶのは，自分が慣れ親しんだ家族での特殊技能であり，毎日のふつうの活動からそれほど分離していない。このとき，正統的参加は家族や共同体の成員であることを通じて分散して行われる。要するに，こうしたケースでは，親方と徒弟の関係の正統性が教えを授けること以上に重要なのだ。

　ただし，徒弟制における学習の機会は，親方－徒弟の非対称的な関係よりも，仕事の実践自体によって構造化されている。学習者は，他の徒弟との学習関係をもち，その関係のなかでより多くを学ぶ。こうした視点から，レイヴらは，親方－徒弟関係における熟練と教授の通常の概念を脱中心化し，熟練が教育者としての親方にあるのではなく，親方が一部をなしている実践共同体という組織のなかにあるという理解を導く。彼らは，分析の焦点を教える行為そのものからずらし，共同体の学習の資源の複雑な構造化に目を向けたのだ。

　共同体での徒弟の社会関係は，活動に直接かかわることを通して変化し，その過程で徒弟の理解と技能が発達する。それまで，徒弟は観察と模倣によって学ぶとされてきた。しかし，新参者の正統的周辺性は，彼らに観察以上の役割を与える。新参者は「参加」を通して実践共同体の文化を吸収し，それに吸収される。正統的な周辺性に長くいることで，学習者は実践の文化を自分のものにする機会に恵まれる。そして，そこに誰が関与して，何をしているのか，日常生活はどんなふうか，熟練者はどのように話し，仕事をし，生活しているか，実践共同体に参加していない人がどのように関わっているか，十全的な実践者になるには何を学ぶ必要があるかなどを学んでいく。この全体像は，参加の度合いとともに移り変わる。たと

えば，仕立屋の徒弟は，当初，使い走りやメッセージの伝達，他人への同行など，周辺的で見かけ上ささいな活動に従事しながら「遠巻きから」全体像を眺めている。それが完成した衣服の細部の仕上げから裁断作業へと生産工程を逆向きにたどるなかで，実践共同体の構造についての理解を徐々に変えながら整えていくのだ。

　実践共同体の十全的な成員になるには，広範囲の活動，古参者たちや他の成員，情報，資源，参加の機会へのアクセスが重要になる。さらに，道具などの人工物とそこにコード化されている実践共同体に特徴的な知覚や操作へのアクセスも欠かせない。徒弟の操舵手は，周辺で生じている活動や仕事上の道具にアクセスできるだけでなく，見たり聞いたりしたことの意味がわかり，情報の流れと会話に参加しなくてはならない。こうしたアクセスの重要性は，同時にそれが操作されやすく，アクセスの遮断が起きる可能性にもつながる。肉屋の熟練者は，徒弟を周辺からさらに遠ざける仕事に閉じ込めていた。いくら正統的に参加していても，共同体での活動への生産的なアクセスが与えられないこともある。このように新参者が実践の複雑な経路や障壁をへて，しだいに十全的参加へと位置を変えることで，経験された世界を理解する可能性が開かれていく。

「徒弟制」「実践共同体」のその先へ

　レイヴらの学習の理論を批判的にのりこえて，人類学の領域にとどまらない先進的な研究を行っているのが，本書に詳しい解説を書いている福島真人だ。福島は，自身の精神病院の調査や民族誌的研究などの丹念なレビューからレイヴらの徒弟制モデルの限界を指摘し，彼らが軽視ないし除外した徒弟制の歴史的位置づけや学校での学習の問題などについて，「暗黙知」や「実験的試行」，「リスク」

などの切り口から考察を続けている。

　また，レイヴらの「実践共同体」の概念は，人類学の研究対象への視点を拡張してきた。共同体の成員は異なる関心を寄せ，活動に多様な貢献をし，様々な考えをもつ。かならずしも同じ場所にいるわけでも，明確に定義された集団や境界があるわけでもない。こうした共同体の概念は，とくに現代的な都市のコミュニティなどをとらえる視点として注目されてきた。田辺繁治は，レイヴらの視点が参加や交渉，協働といった人びとの動態的な相互行為の記述を可能にしたと評価し，タイのエイズ自助グループなど，人びとのあらたな関係性や共同性のあり方をとらえようとしている。

ジーン・レイヴ（Jean Lave, 1939- ）
エティエンヌ・ウェンガー（Etienne Wenger, 1952- ）
　現在，レイヴはカリフォルニア大学バークレー校名誉教授，邦訳されている主著に『日常生活の認知行動』がある。ウェンガーは，学習研究所の研究員などを務めたあと，1997年以降，独立の研究者として著作や講演の活動を続けている（http://wenger-trayner.com/）。彼の邦訳されている共著は『コミュニティ・オブ・プラクティス』。

参考・関連文献

　田辺繁治『ケアのコミュニティ　北タイのエイズ自助グループが切り開くもの』（岩波書店，2008年）。
　福島真人『暗黙知の解剖　認知と社会のインターフェイス』（金子書房，2001年）
　福島真人『学習の生態学　リスク・実験・高信頼性』（東京大学出版会，2010年）
　E. Wenger, J. Smith, & M. Coenders, Lave, Jean 1939-: Biography. (http://www.education.com/reference/article/lave-jean-1939-/)

ポール・ラビノー

『PCRの誕生 バイオテクノロジーのエスノグラフィー』
Making of PCR: A Story of Biotechnology, 1996

渡辺政隆訳, みすず書房, 1998年

——生命科学のエスノグラフィー——

フィールドワーク／人類学をめぐる省察

　解釈学的な人類学の再検討にはじまり, 幅広い現代的テーマについて著作を発表しているポール・ラビノー。『PCRの誕生』は, つねに人類学の認識論を問いなおしてきたラビノーが, 最先端のバイオテクノロジー企業を研究対象とし, エスノグラフィーという人類学的手法の重要性をひろく知らしめた作品である。

　ラビノーは, シカゴ大学で人類学を学び, 同大学院で博士号を取得した。1968年, インドネシアからモロッコにフィールドを移していたギアツの指導のもと, 大学院生としてモロッコの調査をはじめる。その現地での経験を考察した『モロッコのフィールドワークの省察』(1977)（邦題『異文化の理解』）は, 人類学の営み自体の考察として, 批判と実験の時代の先駆けとなった。彼は, フィールドワークという人類学を定義づける方法論が科学的手法ではなく, 独特な文化的, 経験的な活動であると指摘する。フランスの哲学者ポール・リクールの「他者の理解という迂回路を経ることによる, 自己の理解」という解釈学的視点から, フィールドワークという経験についてとらえなおす。それは, 文化的に仲介され, 歴史的に設定

された自己を絶えず変化する意味世界のなかに見出す経験である。人類学者の発する問いは，その世界を理解し経験しようとする姿勢をとおして人類学者自身が歴史的に布置されることを意味する。同じく，インフォーマントから受けとるのも歴史と文化によって媒介された解釈である。人類学者がフィールドで集めるデータは，人類学者という存在によって，そしてその人類学者からインフォーマントが求められる自己省察によって，二重に媒介されている。人類学者と他者は同じ認識論的レベルにいる。そこに特権的な地位や絶対確実なパースペクティブなど存在しない。

　ラビノーの人類学の批判的検討は，『文化を書く』に寄稿した「社会的事実としての表現」でさらに鋭く展開される。彼は，論集の議論を主導したクリフォードの企てをギアツの解釈学的転回と対比しながら，さらにその先をみすえた議論を提示する。ギアツが虚構的な演出を限定的に用いて劇場国家や闘鶏などの「エキゾチズムの悪魔」を喚起しながらつかまえようとしているならば，クリフォードはそれを人類学者のテクストとのあいだで行っているにすぎない。民族誌における「対話」の重要性を提起しながら，クリフォード自身のテクストは対話的になっておらず，自己洞察を拒否している。ラビノーは，ポストモダンのテクストをめぐる議論が，現代世界のアカデミズムの政治的次元を反映していると指摘し，フーコーの権力関係をめぐる研究を参照しつつ，地域性と普遍性という二面的な価値を受容する倫理的な立場を提起している。ラビノーの議論は，『文化を書く』のなかでポストモダニズムの試み自体を批判的にとらえ，乗り越えようとした論考として際立っている。

科学的発見の複雑さ

　人類学の営みをつねに批判的に再考してきたラビノー自身の民族誌的な仕事のひとつが『PCR の誕生』である。PCR とは，ポリメラーゼ連鎖反応のことを指し，DNA の断片を短時間で数百万倍にもコピーすることを可能にした分子生物学の革新的な技術だった。

　ラビノーは，1990 年，この発明の舞台となったシータス社というバイオテクノロジー企業の調査をはじめる。当時，新聞の科学欄では，あらたな発見や技術革新があるたびに「癌やエイズ治療の道につながる」と，ベンチャー資本をひきつけるような記事が書かれる一方，人間の遺伝子を解析するヒトゲノム計画は優生学につながるといった批判もわきおこっていた。ラビノーは，いずれも断定的に語るのは時期尚早であり，生命科学という領域に出現したあらたな流儀と文化を理解することからはじめようと研究に着手した。

　最大の謎は，いったい誰が画期的な PCR を「発明」したのか，だった。1993 年に PCR を発明した功績でノーベル化学賞を受賞した，シータス社のキャリー・マリスが PCR を思いついたのは，1983 年のこと。しかし，その技術を機能させるために必要な技量そのものは，それ以前から存在していた。マリス自身が「ある意味でぼくは，すでにあった複数の要素を合体させたわけです」と語る。じっさい，マリスが『ネイチャー』誌に投稿した論文はオリジナルでないという理由で却下された。しかも，その時点で，PCR は何らかの問題を解決するために考案されたわけではなかった。シータス社の技術者スティーブ・シャーフは，PCR が発明されてから，それを適用できる問題が出現したと語る。さらに元シータス社の科学者や技術者の一団は，彼らが PCR の概念を実用化し，科学的な基準を満たす実験結果を出してはじめて PCR は科学的に存在する

ようになったと主張している。また元研究員の言葉「発明は特許担当弁護士の問題です」にあるように、シータス社が1987年に取得した特許に対し、デュポン社がPCRのすべての構成要素は1960年代後半にH・G・コラナの研究室で発明されたものだとして、特許の無効を主張する訴訟を起こした。陪審員はシータス社の特許を支持する票決を全員一致で下したものの、本書の冒頭から、読者は世間をにぎわす「科学的発見」という「事実」の複雑さを思い知らされる。ラビノーは、ラトゥールの研究など、すでに定番化した実験室を対象とする研究には欠けていたアプローチを採用する。それは、実験室で働く人を観察対象として描くのではなく、PCRの発明に関わった人びとへのインタビューを重ね、当事者自身の手によって「職業」としての科学的営みを叙述するという試みだった。

PCRの発明

　PCR発明の背景には、バイオテクノロジー産業の勃興があった。そこには遺伝子操作に関する技術発展だけでなく、発明の商業化を奨励する方向で特許法が改正されたことや、政府資金による研究がベンチャー資本と結びついたことが関わっている。1980年、合衆国連邦最高裁判所は、遺伝子組み換えでつくられたあたらしい生物種への特許を認める判決を下した。それまで生物や細胞は「自然の産物」であり、特許の対象にはならないとされてきた。そして同年、連邦議会は特許商標法改正案を通過させ、政府の研究助成によって生まれた発明を市場に出すための特許申請が促された。政府によるDNA研究への資金も、1975年にわずか2万ドルだったのが、翌年には国立保健衛生研究所が1500万ドルもの研究費を提供しはじめた。バイテク業界全体に投資された資産の総額も、1978年から81

年のあいだに5000万ドルから8億ドル以上へと増大する。

　シータス社は，1971年に設立された会社で，当初，発酵によってビタミンや抗生物質の増産をはかるプロジェクトなどを手がけていた。遺伝子組み換えの事業をはじめたのは1970年代後半のことだ。1981年3月に株式を公開し，新設企業としては史上最高額とされる大量の資本を手にした。そして，7月までの1年間で従業員を160人増やす。しかし，さまざまなプロジェクトが同時進行し，慢性的な人員不足などから研究者たちの士気は低かった。さらに，重点化するプロジェクトの選定などをめぐって内部対立がくり返された。株式公開からわずか1年後には，提携していたスタンダード・オイル社が共同事業から撤退し，半年間で80人の従業員が解雇された。経営を立てなおすために強いリーダーが必要となり，あらたな社長がヘッドハンティングされた。

　新社長のもと，目標を絞り込んで商品開発せよという命令を忠実に実行したのが人類遺伝学のグループだった。彼らはDNA診断の検査法を改良する研究にとりかかる。挫折をへながら，βグロビン突然変異という既知の遺伝子の置換から遺伝診断のためのモデルを導く戦略がとられた。そのとき用いられたのが，サザンブロット法という方法だった。マリスは，この方法が煩雑で時間がかかるため，代替方法を探していた。彼は既存の方法を嫌い，不遜な態度で上司や同僚との衝突が絶えなかった。大学院時代からの友人で，マリスの採用を働きかけた責任者トム・ホワイトの理解があって，クビにならずにすんでいた。マリスは，研究室の管理を単純化するプログラムを考案するなかで，コンピューターの「ループ」という反復操作から，指数関数的増幅について考えるようになった。これがPCR全体に対するマリスのアイディアのもととなる。そして，

PCR発見の瞬間は，1983年の春に訪れた。

　それは，シータス社からマリスの山荘へと至る数時間のドライブの最中だった。さまざまな思考実験をたどり，彼はDNAの短い一部を増幅する方法を思いつく。山荘にある紙という紙に殴り書きをして過ごした週末を終えて，彼はシータス社に戻った。最初からマリスは，そのアイディアを吹聴してまわったが，同僚たちは彼のやる気を削ぐような反応しか示さなかった。じっさい，社内でのマリスの信用度は低かった。彼が革命的なアイディアを思いついたと言い出したのはこれが最初ではなかったのだ。マリスは研究室でひとり実験を行い，失敗をくり返しながら，研究をつづける。1984年6月，シータス社の研究集会でマリスはPCRについてのポスター発表をしたが，ほぼ無視された。そこでもマリスの発想を受け止めたのはホワイトだった。彼はPCRグループをつくり，実験戦略を練らせた。グループの設置に断固反対していたマリスも，週に1度のミーティングには呼ばれた。グループには有能な技術者が集められ，シャーフもそのひとりだった。彼は1984年11月，ようやくPCRによるDNA増幅の可能性にたどりつく。マリスの着想から20ヵ月。実験チームにとっては，この実験が勝利の瞬間だった。しかし，その後も発表方法をめぐる混乱などがつづく……。

　ラビノーは，シータス社やPCR開発に関わった人びとに生い立ちから研究に関わるまでの経緯をインタビューし，時間軸に沿った説明のあいだにその対話を差し挟んで，本書を構成している。あたかも，さまざまな遍歴をへた数々の人生が偶然，シータス社という場で出会い，PCRの「発見」へとつながっていくようなドラマチックな民族誌になっている。1986年に成果発表をめぐる対立からマリスがシータス社を辞めたあとも波乱はつづいた。1991年，新

薬申請の失敗から，ロッシュ社がPCR技術を購入し，シータス社は新興のカイロン社に買収されて消滅する。

21世紀の人類学への探究

ラビノーは，その後も人類学のあたらしい可能性を探る著作を発表する一方で，生命科学がつくりだす未来とそこでの倫理性について考察をつづけている。それらの試みは，代表を務める「同時代の人類学研究所（ARC）」のBios Technikaプロジェクトや「統合生物工学研究センター（SynBERC）」との関わりをとおして進められてきた。ラビノーは，急速に変化する21世紀において，人類学をはじめとする人文科学の実践やそれを支える学問分野の閉鎖的な体制を変革する必要性を強く意識している。とくに生命科学の発展は，「人間」や「生命」についてのあらたな現実をつくりだし，人類学が前提としてきた対象そのもののあり方を変容させてきた。人類学の知がいかに同時代性のなかで意味を担いうるのか。ラビノーの探究はつづいている。

ポール・ラビノー（Paul Rabinow, 1944-2021）
　邦訳された著作に『異文化の理解』，共著に『ミシェル・フーコー　構造主義と解釈学を超えて』がある。現在の取り組みについては，ARC（The Anthropology Research on the Contemporary）（www.anthropos-lab.net）やBios Technik（www.bios-technika.net）に詳しい。

参考・関連文献
　P・ラビノー『異文化の理解　モロッコのフィールドワークから』（井上順孝訳，岩波現代選書，1980年）。

アルジュン・アパデュライ

『さまよえる近代　グローバル化の文化研究』
Modernity at Large: Cultural Dimensions of Globalization, 1996

門田健一訳，平凡社，2004年

——グローバルな想像力がつくる文化——

非西洋における近代性の体験

　人や技術，資本が世界中を移動する時代のなかで，人類学の実践は，大きな変容を迫られてきた。アルジュン・アパデュライの代表作『さまよえる近代』は，グローバリゼーション研究の古典として，あらたな時代の人類学を考えるための足場を提供している。

　アパデュライは，インドのボンベイ（現ムンバイ）で生まれ育ち，大学卒業まで教育を受けた。その後，アメリカに渡って，ブランダイス大学で歴史学を学び，1973年にシカゴ大学の大学院で社会思想の博士号を取得した。西洋の人類学者が非西洋の異文化を研究するという図式は，すでに過去のものとなっていた。非西洋出身者としてアメリカを代表する人類学者になった彼は，幼い頃から，近代性の経験として「アメリカ」という存在を感じとってきた。『さまよえる近代』の1章には，そのときの体験がつづられている。「アメリカ」を伝える雑誌やハリウッド映画，小説，アメリカに留学していた兄がつけていたコロンの匂い，そうしたアメリカ的スタイルが身体感覚として入り込み，やがて彼は「アメリカ熱」に冒される。その体験について，アパデュライは，インドを植民地統治したイギ

リスの存在がアメリカにおきかわっていく過程だったと振り返る。

　しかし，アパデュライは，こうした近代性の象徴としてのアメリカという経験が，もはや決定的にうつろいゆき，不規則に自覚され，不均等に経験されるようになったと指摘する。アパデュライは，グローバル化を世界の同質化やアメリカ化としてはとらえない。むしろ，電子化したマスメディアや国境を越えた人の移動は，人びとを予測不可能なあらたな想像力に駆り立てている。その動きは，近代化理論が特別視してきた国民国家の枠組み自体を危機に陥れながら，ローカルやナショナルという経験を再編成している。グローバル化によってローカルが消失するのではなく，グローバル化自体が不均等なローカル化のプロセスとしてあらわれる。アパデュライの描くグローバル化の姿は，21世紀の世界からみれば，むしろ定説になった感もある。90年代初頭，東西冷戦が終結し，あらたな世界秩序への再編が進む一方で，さまざまな地域で不安定化の動きが噴出した。『さまよえる近代』は，その時代の空気をいち早く感じとり，不確実でとらえがたい世界の到来を予期していた。

グローバル化の地景と人類学の実践

　アパデュライのグローバル化についての議論のなかでも，そのユニークな定式が注目されてきた2章と，あらたな時代における人類学の実践を再検討した3章・9章を中心に紹介しよう。

　グローバルな相互作用の中心的問題は，文化が同質化するのか，それとも異質化するのかという点だった。同質化の議論は，とくにアメリカ化や商品化をめぐって展開してきた。しかし，それらの議論では，グローバル化の力が土着化される傾向が見落とされてきた。アパデュライは，グローバルな文化経済が複合的で，重層的で，か

つ乖離的な秩序だと主張する。そして，彼は，このグローバルな文化フローを5つの「スケープ（地景）」に注目して検討していく。「スケープ」という接尾辞には，それが流動的で不規則な形状をしており，それぞれの関係がどの視角からみても同じではないことが含意されている。その関係は，むしろ視角に応じて構築され，国民国家や多国籍企業，ディアスポラの共同体，サブナショナルな集団や運動，村落や近隣，家族までをも巻き込む。

　アパデュライの説明にそって，5つのスケープをみていこう。〈エスノスケープ〉は，変転する世界を構成する諸個人のランドスケープをあらわす。旅行者，移民，難民，亡命者，外国人労働者といった移動する集団や個人が，いまや国家や国家間の政治にこれまでにない規模で影響を及ぼしている。〈テクノスケープ〉は，テクノロジーのグローバルで流動的な配置を示し，流動を阻んでいた多様な境界をこえた高速移動が可能になった事態を指す。〈ファイナンススケープ〉は，グローバル資本のとらえがたい急速な移動の平面を指す。その巨大資金の国境をこえた流入や流出のなかで，莫大な利益が生み出されている。これらの3つのランドスケープのグローバルな関係は予測不可能で，独自の制約の影響下にありながら，同時に他のランドスケープでの移動を制約または媒介する。それらは，人の移動，テクノロジーのフロー，資金の移動の関係が単一の下部構造を形成しないという意味で「乖離的」でもある。

　この3つの次元を屈折させているのが，〈メディアスケープ〉と〈イデオスケープ〉である。このふたつは密接な関係をもち，ともにイメージにかかわる。〈メディアスケープ〉は，新聞や出版社，テレビ局など情報を生産し配信する電子的能力の配置とそのメディアによって創造されるイメージのことを指す。いまや商品の世界と

ニュースや政治の世界とが分かちがたく混在し，世界中のオーディエンスが目にするランドスケープの現実と虚構の境界線はますます不鮮明になっている。〈イデオスケープ〉も，イメージの連鎖をともなう。ただし，それを構成するのは啓蒙主義的な世界観であり，「自由」や「福祉」，「権利」，「主権」，「代表」，「民主主義」といった観念や語彙が喚起するイメージである。こうした語彙とそのイメージが世界中に拡散した結果，それらをとりまく欧米的な大きな物語の内的一貫性が揺らぎ，さまざまな場所で多様に翻訳された概念をもとに独自の政治文化が編成されるようになった。

アパデュライは，これら5つの次元のあいだの乖離構造が増大するのにあわせて，グローバルフローが生起しているという。その背後には，「脱領土化」の動きがある。では，この脱領土化した世界のなかで，国民(ネーション)-国家(ステイト)はいかなる役割を果たすのか。アパデュライは，民族=国民性(ネーションフッド)についての観念をもった民族(ネーション)が国家や国家権力を奪取あるいは吸収しようとしているのに対し，国家(ステイト)の側でも同時に民族=国民性をめぐる概念を奪取し独占しようとしていると論じる。たとえば，トランスナショナルな分離主義運動が盛んになる一方で，国家はあらゆる場所で共同体の倫理的資源の独占を目指し，国民と国家の完全な一致を主張するか，国家内の多様な集団を体系的にミュージアムに収めて表象しようとしている。メディアやテクノロジーの力は，世界中で消費主義を刺激し，非西洋世界においてもあらたな商品とスペクタクルへの欲望をかき立てる。そして，その欲望そのものが中国の民主化運動のように，あらたなエスノスケープやメディアスケープ，そして最終的にはイデオスケープに巻き込まれていく。国家にとって，それらのスケープの動きは民族=国民性をめぐる観念に対する国家の独占的管理を脅かす。アパデュラ

イは，通商やメディア，国家政策，消費者の想像の相互作用が乖離的で不安定化した結果，かつてのローカリティを支えていた民族性の根拠が失われてしまったと指摘する。

現代人類学の課題

　アパデュライは，グローバル化が引き起こす状況に明確な境界や構造，規則性がみられないことを強調する。では，いったい人類学は何をすべきなのか。現在，民族誌家は集団的アイデンティティの社会的，領土的，文化的な再生産の変動に直面している。集団が移動し，あらたな場所で再編成され，その歴史を再構築するとき，民族誌の対象である〈民族〉は，あいまいで非ローカル化される。アパデュライは，現代の人類学の中心的課題が，世界のコスモポリタン的な文化形式やトランスナショナルな文化フローを研究し，脱領土化された文化的力学に焦点を合わせることだと論じる。想像力が社会生活におけるあらたな力を手に入れ，人びとはより広範囲の可能性を想像するようになった。マスメディアは，豊かで変化に富んだ生活のイメージを提供し，人びとの生きられた想像力に介入している。民族誌家は，観察している日常生活をめぐる現実に多くの意味が含まれていることをふまえ，想像力と社会生活とのグローバルで脱領土的な結びつきを表象するあらたな方法を見つけなければならない。アパデュライは，脱領土化した文化やそのイメージがトランスナショナルに流用される挿話を示す。そこから多くの生活が分かちがたく結びついている表象の複雑さを民族誌に組み込むべきだと主張している。その方向性は，カルチュラル・スタデューズとしての人類学の可能性を開くものでもあった。

　さらにアパデュライは，グローバルな文化フローのなかで，ロー

カリティがどのような場所を占めているのか，ローカリティが存在論的な支えを失ったかにみえる世界で，人類学はいかに特権性を維持しうるのか，と問う。アパデュライの用いる「ローカリティ」は，スケールや空間的なものではなく，特定の関係やコンテクストのなかで生産される感情の構造を意味している。ローカリティが現実化される社会形態については「近接（ネイバーフッド）」という用語をあてる。

　アパデュライが想定しているのは，次のような事態だ。人類学が対象としてきた人びとは，自分たちの近接を生産・再生産するなかでローカリティのコンテクストを生産する立場にあると同時に，国民 – 国家が発動するコンテクスト生産的な活動にも囚われている。アパデュライは，この複数のコンテクストのあいだをとり結ぶ間コンテクスト的な理論が必要だと主張する。つまり，資本主義や思考様式が移動するグローバル，国民 – 国家という枠組みにねざすナショナル，さらに人類学が対象としてきたローカルとを関係づける枠組みが必要になる。アパデュライは，それを国民 – 国家の近接を定義する試みや，乖離構造の拡大，電子メディアによる仮想的近接の浸透に焦点をあて，それぞれが相互に接合し，ときに矛盾しながらローカリティを生産する状況を描き出している。

　アパデュライの提起した視点は，人類学が依拠してきたローカリティの自明性がすでに失われており，そのローカリティが複数のコンテクストのあいだの複雑な作用のなかで生産されるプロセスを描く必要性だった。

国民国家の先にある社会

　『さまよえる近代』から10年後に出版された『グローバリゼーションと暴力』(2006) のなかで，アパデュライは，グローバル化に

よる暴力や排除，格差といった問題を正面から論じている。90年代以降，多くの社会で民間人を巻き込む内戦や戦争が増加した。高度グローバル化の時代に，なぜ激しい暴力が起こったのか。この時期は，一方で市場開放や貿易自由化，民主化や自由主義憲法の普及といったユートピア的なプロジェクトが語られ，インターネットなどの情報技術の可能性への期待が高まった時代でもあった。

アパデュライは，その暴力の背後に，少数者／マイノリティへの恐怖があると指摘する。マイノリティは，もともと近代のナショナリズムのなかで社会的，統計的カテゴリーとして創り出されてきた。それが，本来，国家が守るべきにもかかわらず，国民の純粋性と公正さのイメージを損なうものとして，国家による暴力の対象となっている。アパデュライは，グローバル化のなかで国民国家というプロジェクトが深刻な矛盾と不安に直面していると指摘し，国家をはじめ中枢によって制御される「脊椎型組織」と，グローバル化によって分散・増殖・連結する「細胞型組織」とのせめぎあいの関係を浮き彫りにしている。一連の議論から，アパデュライが国民国家という機構への拭いがたい不信感をもっていることがわかる。彼の視線の先には「ポストナショナル」な社会の姿がある。

アルジュン・アパデュライ（Arjun Appadurai, 1949- ）

現在，ニューヨーク大学教授。ムンバイで非営利組織の代表も務める。アパデュライの多彩な活動は，彼のウェブサイトに詳しい（http://www.arjunappadurai.org）。

参考・関連文献

A・アパデュライ『グローバリゼーションと暴力　マイノリティーの恐怖』（藤倉達郎訳，世界思想社，2010年）

タラル・アサド

『世俗の形成　キリスト教,イスラム,近代』
Formations of the Secular: Christianity, Islam, Modernity, 2003

中村圭司訳,みすず書房,2006年

——近代世俗主義と暴力——

非対称な世界を批判する

　宗教の系譜学的な研究をとおして,現代の世界が直面している問題を考察してきたタラル・アサド。その独特の語り口は,人類学的視点にねざしながら,つねに学問の枠をこえる示唆を与えてきた。

　アサドは,サウジアラビアに生まれ,幼少時にインドに移住して,イギリスの大学で学ぶ,という異色の経歴をもっている。父親は,ユダヤ人として現在のウクライナに生まれ,その後イスラームに改宗してパキスタン建国にもたずさわった人物で,母親はサウジアラビア出身の女性だった。アサドは,エディンバラ大学を卒業したのち,スーダンでカバビシュというアラブ系民族のフィールドワークと文献調査を行い,1968年にオックスフォード大学で人類学の博士号を取得した。このスーダン調査は『アカビシュ・アラブ　牧畜民における権力,権威,同意』(1970)として出版されている。

　複数の文化的背景をもち,いくつもの国境を越えてきたアサドは,カリフォルニア大学バークレー校のインタビュー番組「歴史との対話」のなかで,自身の生い立ちと人類学的な問題意識の芽生えについて語っている。知識人だった父親とは対照的に敬虔なイスラーム

の信者だった母親の存在は,宗教を知的概念ではなく,身体経験としてとらえる素地となった。また,18歳でイギリスに渡るとき,彼は西洋の近代的な啓蒙思想や文化,その平等性や正義,合理性といった概念への大きな憧れを抱いていた。しかし,1967年の中東戦争で無批判にイスラエルを支持するイギリスの対応は,その憧憬を打ち砕く衝撃的な経験だった。アサドは,植民地的体制がいまだ強固に維持されていることを認識する。『文化を書く』にアサドが寄稿した「イギリス社会人類学における文化の翻訳という概念」でも,社会人類学者が「異文化」を翻訳する際にあらわれる権力構造を批判的に読み解き,「文化の翻訳」の過程に知的職業的/国家的/国際的な力の状況が不可避的に絡みついていると指摘している。

　こうした非対称な世界のなかで,フーコーの系譜学の視点から「宗教」をとらえなおした最初の著書が『宗教の系譜　キリスト教とイスラムにおける権力の根拠と訓練』(1993)である。冒頭で,アサドは,西洋と非西洋との非対称性が対立の関係を生み出し,両者をつなげる様式をつくりあげていると指摘する。たとえば,人類学者がムスリムの信仰と儀礼を研究するとき,西洋起源の「宗教」という概念や実践が普遍的なものとして適用される。アサドは,キリスト教を西洋世界での問題とみなし,イスラームを「異文化」として一方的に解釈してきた非対称性を批判する。そしてそれぞれの「宗教」を歴史の系譜のなかに位置づけることでその普遍性を解体しようとする。宗教を世俗権力から分離されたものと考え,イスラーム復興を原理主義とみなす西洋の宗教観は,近代西洋に特有の規範的理解にすぎない。この問題意識は『世俗の形成』でさらに深められる。

世俗主義という近代のプロジェクト

　宗教と政治権力との分離を前提とする「世俗主義」が出現したのは，近代欧米社会においてであった。アサドは，まず世俗主義が近代化を迎えた非キリスト教社会にも適用されうるという，リベラリズムの議論を批判する。その背景にはアメリカが2001年に経験した同時多発テロと，それ以降の不寛容／暴力の爆発という事態がある。このアサドの問題意識が明確に示されている部分を中心に紹介しよう。

　世俗主義は，国家が階級や性，宗教にもとづく多様なアイデンティティを超越し，国民共同体を想像させる統一的な体験におきかえるときの媒介として作用する。しかし，近代世俗国家でも，宗教の位置にはさまざまな違いがある。フランスでは国家も市民も世俗的である。イギリスでは，国家が国教会に結びついている一方，国民はおおむね非宗教的だ。アメリカでは，国民はおおむね宗教的だが，連邦政府は世俗的である。このように，寛容さを保証する世俗主義が，宗教対立を民主主義の平和な合意形成におきかえるというリベラリズムの理念は，現実からかけ離れている。9.11のテロのあとにアメリカで吹き荒れた不寛容の嵐は，高度に近代的な世俗社会で起きた。その悲劇が何を意味するかをめぐる持続的な公共の討論は，ほとんど行われていない。アサドは，世俗国家が寛容さの保証とはならず，むしろさまざまな野心と恐れの構造を喚起すると指摘する。国家の法は暴力を排除するのではなく，管理しようとするにすぎない。

　9.11以降，アメリカのメディアや知識人の多くが宗教を暴力の源泉とみなす発言をしている。とくにイスラームは，自制心を欠き，独断的で，きわめて過酷なものと表象されてきた。アサドは，かな

らずしも暴力が宗教の聖典による正当化を必要としないことは明白だと指摘する。世俗主義者のサダム・フセインが数千人のクルド人を毒ガスで殺し、イラク南部のシーア派住民を虐殺したとき、イスラームのクルアーンを引用することはなかった。イスラエルのシャロン首相がパレスチナの民間人を無差別に殺害したときも、ユダヤ教のトーラーからの引用はなかった。いかなる政府も、テロ集団も、民間人への無差別な残虐行為を正当化するために聖典の権威に訴える必要があったことはない。しかし、イスラームのテクストに「テロリズム」のルーツを探る言説は、ある奇妙な仮定を引きずっている。それは、クルアーンのテクストがムスリムにそれに従うよう強いる一方で、キリスト教徒とユダヤ教徒は聖書を思うままに解釈する自由がある、というものだ。こうして、暴力的行為の動機が宗教的イデオロギーにあるとみなされ、宗教的言説の検閲やその公共政策への進入を防ぐ手立てが支持される。

　アサドは、さらに世俗主義を中核とする「近代」について考察する。ラトゥールが主張したように、いまではさまざまな論者が近代は実証可能な一貫した事象ではないという立場をとるようになった。アサドは、そのことを認めたうえで、重要なのは、なぜ「近代」という概念が誤った表象であるのかを確定することではなく、それがなぜ政治目標として支配的となり、どのような実際的問題に帰結し、いかなる社会的条件によって維持されているのかを問うことだという。近代とは、権力の座にある者たちが達成しようとするプロジェクトである。そのプロジェクトは、立憲主義、道徳的自律、民主主義、人権、市民の平等、産業、大量消費、市場の自由、そして世俗主義といった多くの原則を制度化することを目指す。アサドは、世俗と宗教というふたつのカテゴリーを構築する試みに関心をよせる。

近代国家や近代化途上の国家では,「世俗的なもの」と「宗教的なもの」の表象が, 人びとのアイデンティティを媒介し, 彼らの感性の形成を促し, その経験を保証しているからだ。

　世俗主義は, 現代のわれわれの生の大部分を占めているため, 世俗そのものを直接的に把握することは難しい。そこでアサドは「その影を追う」というやり方をとる。たとえば, 2章から4章では, 痛み, 残虐性と拷問, それらを避けようとする「人権」の概念が検討される。痛みは宗教的主観性と関連づけられ, 理性と対立するものとみなされてきた。そして, その痛みを取り除くことが世俗社会の人間的条件とされ, 世界人権宣言のように, 意図的に科された苦痛への道徳的感性が形成されてきた。しかし, 近代人の痛みと苦の排除への努力は, 個人の選択の権利や国家の安全維持の義務と衝突する。そこで（軍事的・社会的）利益を上回るほどに人間を破壊してはならないという原則から, 苦痛を定量化し, 必要性をこえて過剰にならないよう加減される。ただし, その「必要性」は際限なく拡大可能となる。ソマリアに国連が介入したとき, ベルギーとカナダの兵士らがソマリア人を拷問した疑いで告発された一方で, 数街区を完全に破壊し, 多数の民間人を殺害した米軍は, その責任を問われることはなかった。

　人権を含む世俗的制度において, 残虐性に対する責任がどのように割り当てられるのか。本来, 人権はあらゆる個人に認められるにもかかわらず, 人権法の特定と適用は, その属する国民国家の体制によって意味づけられている。それは, 人権の適用対象からは除外されてきた動物などの非人間と人間との境界線にもいえる。近代の世俗社会において, 何をわれわれと似た存在とするかは政治的・道徳的な問いとなる。当局は, 人間ではないという理由で, 国家や市

民が合法的に「非人道的に」扱うことのできるものを決定する。遺伝子工学の発達とともに，バイテク企業が人間の遺伝子への財産権を主張し，売買の対象として市場で取引される事態も現実化している。人間とみなされるものは何か，人間の能力に何が含まれるのかが，世界市場を通じて決定されつつあるのだ。

アサドは，世俗主義をめぐる探究において，人類学それ自体に何ができるのかと問う。そして，人類学は一方法以上のものであり，それをフィールドワークという擬似科学的概念による探究と同一視すべきではないと述べる。近代人類学の特徴をなすのは，異なる時間・空間の社会から社会へと，そこに埋め込まれた概念や表象を比較する点にある。アサドは，世俗的なものと宗教的なもののようにわれわれの生活を分節化している事象を縦横に比較しながら，その非対称性に潜む権力の闇を浮き彫りにしている。

人類学的実践とは何か

アサドは，9.11を経験したアメリカにあって，つねに政治的にも社会的にも重要な問題について発言をつづけてきた。『自爆テロ』(2007) では，自爆テロが急速にイスラーム的な「死の文化」とみなされ，殺人の動機が宗教的なものに帰せられるようになったことに疑問を投げかけ，その背景を考えることは，死ぬことと殺すことをめぐる近代の前提を問いなおすことにつながると論じている。そして，非近代的で非リベラルな文化として否定されるテロ行為が国家による「正しい戦争」と区別できないこと，本来は確定しえない自爆の動機が説明されるのは，自分たちの暴力的対応を正当化するためであり，むしろ自衛のための（ときに自滅的な）暴力はリベラルな政治的教義の中核を占めていることを指摘する。さらに，自爆

行為が戦慄を覚えさせるのは近代の人間としてのアイデンティティやそれが依拠する法体系が破壊され、キリストの受難に示される死による救済の可能性が絶たれているためだと論じる。

　アサドの著作は、フィールドワークを行い、民族誌を書くという旧来の人類学者のイメージとはかけ離れている。それでも、彼の議論は人類学的な視座に貫かれている。すなわち、支配的な体制を別の時間や空間にある枠組みと比較して相対化しながら、覆い隠されていた矛盾や共通点を明るみにだし、複数の可能な選択肢を示す。フィールドワークによって民族誌を書くことは人類学の表現手段のひとつにすぎない。大切なのは、どのような問いを社会に投げかけ、いかなる世界を想像するのか、ということだ。アサドの鋭い問いかけには、人類学を根底で支えてきた力——批判と再想像の力——が宿っている。

タラル・アサド（Talal Asad, 1933- ）
　現在、ニューヨーク市立大学大学院教授。その他の邦訳された著作に『宗教の系譜』『自爆テロ』、共著に『宗教を語りなおす　近代的カテゴリーの再考』『他者の苦しみへの責任　ソーシャル・サファリングを知る』がある。本文中で言及したインタビュー番組は「歴史との対話」（https://conversations.berkeley.edu/）を参照のこと。

参考・関連文献
　T・アサド『宗教の系譜　キリスト教とイスラムにおける権力の根拠と訓練』（中村圭志訳，岩波書店，2004 年）
　T・アサド『自爆テロ』（苅田真司訳，青土社，2008 年）

デイビッド・グレーバー

『価値の人類学理論に向けて』
Towards an Anthropological Theory of Value:
The False Coin of our Own Dreams, 2001

藤倉達郎訳,以文社,近刊

── 価値をつくりだす人類学へ ──

活動家として,人類学者として

　積極的に社会運動に関わり,アナーキストとしても知られるデイビッド・グレーバー。その人類学者としての代表作『価値の人類学理論に向けて』には,ポストモダンの人類学を乗り越えるひとつの「希望」が示されている。

　グレーバーは,シカゴ大学で学位を取得したあと,イェール大学で教壇に立っていた。しかし2005年,イェール大学はグレーバーとの契約を更新しないことを決める。大学からは何の理由も開示されなかった。彼がイェール大学で勤めた最初の3年間の評価に,問題はなかった。その後,彼はアナーキストを擁護する文章を書き,G8やIMFを非難する運動に参加し,平和運動を組織するなどの政治運動をはじめる。そして長期休暇から戻ると,すべてが変わっていた。更新拒否の決定に対し,学生たちや同僚の人類学者など多くの人が嘆願書を大学に提出して抗議活動をする。しかし,決定が覆ることはなかった。彼は1年の有給休暇のあとで職を辞すことに同意する。一方,彼の人類学者としての評価は高まりつづけた。2006

年には，毎年著名な人類学者を招待してきたマリノフスキー記念講演に招かれている。

　彼の社会運動や人類学への考え方が率直に記されている『アナーキスト人類学のための断章』（2004）の日本語版序文で，グレーバーは自身の生い立ちを振り返り，アナーキストとなった経緯を書いている。彼の両親は，若い頃から熱心な活動家だった。母親は，大恐慌時代に家族を支えるために大学を辞めて下着工場で働き，国際婦人服労働組合の運動にかかわるようになった。父親は，1936年，内戦中のスペインで国際旅団にくわわり，アナーキストの大衆委員会によって運営されていたバロセロナ市にも長く滞在する。この両親のもとで育ったことが，彼にとって「アナーキズムが気違いではないと信じる理由」のひとつとなった。

　グレーバーにとって，人類学とアナーキズムは切り離すことのできないものだった。両親の本棚にあった資本主義とは異なる世界についての本に囲まれて育った彼は，大学に入り，人類学の道に進むこと，そしてアナーキストたることを決意する。人類学は，人間性についての多くの通念が真実ではないことを示してきた。アメリカ人は国家と警察がなくなれば，人びとが殺戮しあうと信じている。しかし，国家なき社会の無数の事例を提供してきた人類学は，それが自明ではないと証明している。それは，彼が1989年から91年まで調査していたマダガスカルでの経験でもあった。彼が滞在していた小さな町では，地方政府が実質的に機能停止し，周囲の地方では政府が完全に消失していた。しかし，彼がそのことに気づいたのは，町に住みはじめて6ヵ月後だった。誰も税金を払わず，警官も姿を見せなくなっていた。それでも，人びとは変わらない生活をつづけ，問題が起きるとコミュニティが話し合って解決していた。

グレーバーは，帰国後，ニューヨークでDAN（Direct Action Network）の活動に参加し，そこで目指されている集団的な意志決定の過程が，マダガスカルで日常的に観察していたことだったと気づく。グレーバーのアナーキズムの根底にあるのは，人間への信頼，国家の強制力に頼らずとも秩序をつくりだすことのできる人間の潜在能力への信頼だった。『価値の人類学理論に向けて』も，そのことを価値の創出をテーマに描き出している。

「価値」への3つのアプローチ

　グレーバーは，価値に関わる広範な人類学的研究をレビューしながら，考察を進めている。彼の価値理論が明確に示されている1章から3章を中心に紹介しよう。彼はまず価値の人類学理論を社会学，経済学，言語学における価値理論と関連づけながら検討する。

　タルコット・パーソンズなどに代表される社会学における価値は，「人間にとってすばらしく，正しくかつ望ましいもの」といった意味で使われてきた。アメリカの人類学者クライド・クラックホーン（1905-1960）は，アメリカ先住民の研究をとおして，価値を「望ましさ」と定義し，人が何を望むべきかを探究した。たとえば先住民のナヴァホは調和に高い価値をおき，テキサス人は成功に価値をおく。しかし，多様な文化の望ましい価値について，共通の用語をつくることは困難をきわめ，価値の人類学的理論の最初の偉大な試みは座礁してしまう。そこから価値をめぐる議論は，経済学と言語学というふたつの方向へと進む。

　経済学の価値は，次の前提にもとづく。すべての個人は何を望むか，明確な考えをもち，最小限の犠牲と努力でその望みをかなえようとする。これは「最小化・最大化アプローチ」と呼ばれ，人は与

えるものを最小化し，得るものを最大化すると考えられた。そこでの「社会」は個々人の利己的なふるまいの結果にすぎない。

　こうした経済学的な価値のモデルに対し，人類学は異議をとなえてきた。マリノフスキーは，トロブリアンド諸島では，たとえ利得がなくても不必要な時間とエネルギーが膨大に費やされていると反論した。それでも，たびたび経済学的な最大化モデルが人類学にもちこまれた。たとえば，不必要な労働は「威信」を最大化するためだ，というように。しかし，その「威信」などの価値を定義するには，社会のなかで何が威信だと感じられるかが問題になる。つまり，経済学が個人の効用や欲望に還元して消し去ろうとした「社会」を再び導入する必要が出てくるのだ。

　グレーバーは，この対立点が形式主義と実体主義の論争（サーリンズの章を参照）の背景にあると指摘する。実体主義のように社会を全体としてとらえると，個人がどのように社会を再生産する動機をえているのか説明できない。形式主義のように個人の欲望に注目すると，何を最大化するかをいかに選んでいるか説明できない。この困難から，より洗練された言語学の公式が用いられはじめた。

　言語学では，言葉の意味をその「価値」としてきた。構造言語学の創始者であるソシュールは，言葉は同じ言語の他の言葉との対比によってのみ意味をもつと主張した。言葉の意味は，全体システムのなかで占める位置によって決まる。この考え方は，人類学の構造主義に大きな影響を与えた。サーリンズは，『人類学と文化記号論』(1976) で，意味のある差異の結果として経済的な価値を理解できると指摘している。また，構造主義をふまえて実体主義の伝統を発展させたデュモンは，インドのカースト制度を清浄さにもとづく全体的な位階の体系として描き，そこから個人に重要な価値をおく西

洋社会の異常さを指摘した。グレーバーは，デュモンの議論を評価しつつも，全体化された社会を個人主義の近代と厳密に分けることで，それらが孤立して存在するという現実離れした前提がなされたと指摘する。こうした価値をめぐる人類学の試みは，つねに論理的に一貫したシステムを詳細に描くことで，個人の行動から離れ，経済理論が入りこむ隙を与えないようにしてきたのだ。

行為と想像力

1980年代初頭までに，人類学では人間の行動の創造性や変化を説明しうる動態的な構造主義の理論をいかにつくりだすかが問題となった。しかし，人類学はこの問題をとばして，ポストモダンの議論へと向かう。構造主義は主流から姿を消し，フーコーによる権力の理論やブルデュの実践理論がその代わりをつとめ，議論は終わったというのが共通見解になった。

しかし，グレーバーは，それらが古い理論を再構成したにすぎないという。とくに彼が批判したのが，ブルデュとアパデュライだ。ブルデュは，象徴資本の最大化という議論を展開した。グレーバーは，それが最大化している価値が物質的でないだけで，形式主義的な経済化の議論と変わらないと批判する。ブルデュは個人の善意などの動機を無視して，すべてを象徴資本を蓄積して優越性を競うゲームとして描いている。アパデュライも，ブルデュの議論を援用しながら，贈与交換とは気前のよさではなく，商品交換のように利己的な計算の一部だとする。そして，モノの交換と消費に焦点をあて，エリートと大衆のあいだで社会闘争が生じるという「価値の政治学」を提示した。この利己的な戦略を強調し，消費を創造的な自己表現として賛美する議論は，まさに80年代半ばの知的潮流と合致

するものだった。

　グレーバーは，ブルデュやアパデュライとは異なるアプローチをとった複数の人類学者の研究を検討したうえで，かつてと同じような困難がくり返しあらわれていると示唆する。そこで彼がひとつの可能性を読みとっているのが，ナンシー・マンの研究である。マンは，交換の領域やレベルをつくりだしているのは，歓待や旅，交換という行為そのものであるとして，すべての構造が人間の行為から成り立っているという視点を提起した。人はもっとも重要で意味があると思うものにそのエネルギーを投入する。グレーバーは，この議論が贈与／商品の二元論に大きく風穴をあけたと評価する。それまでの価値の理論は，価値を単純に個人の欲望の計量とみなす経済主義の焼き直しか，ソシュール的な有意味な差異の変種だった。それらはいずれも移ろいゆく変化や転換のプロセスを説明できなかった。グレーバーは，行為の隠された生成的な力からはじめることに活路を見出す。価値は人びとが自分たちの行為の重要性を彼ら自身に向けて表象する方法である。そこには社会関係をつくりだす行為の力，包括的な人間の潜在能力にねざした力がある。

　グレーバーは，この行為に注目するアプローチの伝統をヘラクレイトスの哲学にまで遡って検討する。それは，対象をその動態的なプロセスから定義し，社会がおもに行為によって構成されると考える伝統だった。そこでの「社会構造」は，人間の意図的行為を統合するだけでなく，行為者がたえず自己を再定義する手段となり，さらにより大きな文脈を再生産していく。つまり，ある種の全体性としての構造は，何らかの価値を追求する行為者によって構築される過程の一時的な姿にすぎない。そして，その価値は，個人の欲求充足というレベルではなく，つねに「社会」というレベルにおいて実

現する。部分は相互に関係しあって価値を定め，つねにある種の全体への参照がなされる。その過程には，少なくとも想像されたオーディエンスが存在している。行為者にとって，「社会」とはつねにこのオーディエンスなのだ。マルクスにとっても，この想像力が重要だった。想像力は物事を別のやり方で行う可能性を開く。世界を想像的にみるとき，人はそれを批判的にみている。その想像した社会を現実のものにしようと試みるとき，人は革命に着手しているのだ。つねに異なる価値によって組織された無数の想像的全体性が存在する。グレーバーは，アパデュライの「価値の政治学」が価値の流用の闘争だったのに対し，価値が何であるのかを打ち立てる闘争が重要だと主張する。「行為の生成的力」と「想像的全体性」。これがグレーバーの価値理論のふたつの柱である。

アカデミズムを超える地平へ

1980年代以降のポストモダンの時代には，いかなる普遍的な価値基準も存在せず，すべてが終わりなき変化と断片化のなかにあるといった議論が声高に主張された。このように全体性を志向しない立場が受け入れられた時代，それは世界市場がかつてないほど普遍的な価値評価システムへと向かった時代でもあった。グレーバーは，ポストモダンの理論家たちが批判しなかった数少ない対象が経済学であり，そこに自由市場主義を標榜するネオ・リベラリズムの仮定が共有されていたと指摘する。断片化し，個人化した世界のイメージは，市場のイデオロギーに他ならない。それは現実の市場ではない。現実の市場は権力をもつ者たちの利益によって制御されているからだ。グレーバーは，特定の価値への全体化に対抗し，自分たちが望む価値を自由に考えることのできる，より妥当でより強制的で

はない制御機構がどのようなものかを考えるべきだと主張する。そうでなければ，市場の論理が再生産されるだけで終わるだろう。グレーバーの価値の理論は，政治的に無力だったポストモダンの時代を乗り越え，あらたな世界を構築しようとする強い意志にみちている。そこにはまちがいなく，新世紀の人類学への示唆がある。

　グレーバーは，脱構築を標榜する学問的左派たちへの失望を隠さない。彼は序文で，「20世紀最後の10年間」の学問のおかれた状況を次のように表現する。「アメリカの左派の大部分が大学や大学院に隠遁し，ますます不可解な急進的メタ理論を紡ぎ出し，周囲の目についたもの全てを脱構築している一方で，世界の他の人びとはますます保守的になっていった」。ネオ・リベラリズムの動きが高まるなかで，アメリカの学問的左派はほとんど役割を果たさなかった。人類学は，価値を打ち立てる動きに貢献していくべきだ。グレーバーが提示し，実践する人類学は，ポストモダンが問題視しながらもなおとどまりつづけたアカデミズムを軽やかに超えている。

デイビッド・グレーバー（David Graeber, 1961-2020）
　邦訳されている著作には，『資本主義後の世界のために　新しいアナーキズムの視座』，『デモクラシー・プロジェクト　オキュパイ運動・直接民主主義・集合的想像力』，『負債論　貨幣と暴力の5000年』，『官僚制のユートピア　テクノロジー，構造的愚かさ，リベラリズムの鉄則』などがある。

参考・関連文献
　D・グレーバー『アナーキスト人類学のための断章』（高祖三郎訳，以文社，2006年）

著者略歴

松村圭一郎（まつむら・けいいちろう）
1975年生。京都大学大学院人間・環境学研究科博士課程修了。立教大学社会学部准教授を経て，現在，岡山大学文学部准教授。著書に，『所有と分配の人類学——エチオピア農村社会の土地と富をめぐる力学』（世界思想社，2008年［第30回澁澤賞，第37回発展途上国研究奨励賞受賞］），『うしろめたさの人類学』（ミシマ社，2017年［第72回毎日出版文化賞特別賞受賞］），『はみだしの人類学 ともに生きる方法』（NHK出版，2020年），共編著に『文化人類学の思考法』（世界思想社，2019年）など。

ブックガイドシリーズ　基本の30冊
文化人類学

2011年10月30日　初版第1刷発行
2021年6月30日　初版第4刷発行

著　者　松村圭一郎

発行者　渡辺博史

発行所　人文書院
〒612-8447 京都市伏見区竹田西内畑町9
電話 075-603-1344　振替 01000-8-1103

印刷所　創栄図書印刷株式会社
製本所　坂井製本所
装　丁　上野かおる

落丁・乱丁本は小社送料負担にてお取替えいたします

© 2011 Keiichiro Matsumura　Printed in Japan
ISBN978-4-409-00107-3　C1300

Ⓡ〈日本複写権センター委託出版物〉
本書の全部または一部を無断で複写複製（コピー）することは，著作権法上での例外を除き禁じられています。本書からの複写を希望される場合は，日本複写権センター（03-3401-2382）にご連絡ください。

ブックガイドシリーズ　基本の 30 冊
全 13 冊

中山康雄『科学哲学』

小泉義之『倫理学』

土佐弘之編『グローバル政治理論』

丸川哲史『東アジア論』

子安宣邦編『日本思想史』

難波功士『メディア論』

松村圭一郎『文化人類学』

伊藤恭彦『政治哲学』

西城戸誠，舩戸修一編『環境と社会』

根井雅弘編『経済学』

大田俊寛『宗教学』

保立道久『日本史学』

吉村和真，J・ベルント編『マンガ・スタディーズ』

（四六判並製，本体 1800〜1900 円）